社区书系

社区工作者常用知识
百问百答系列图书

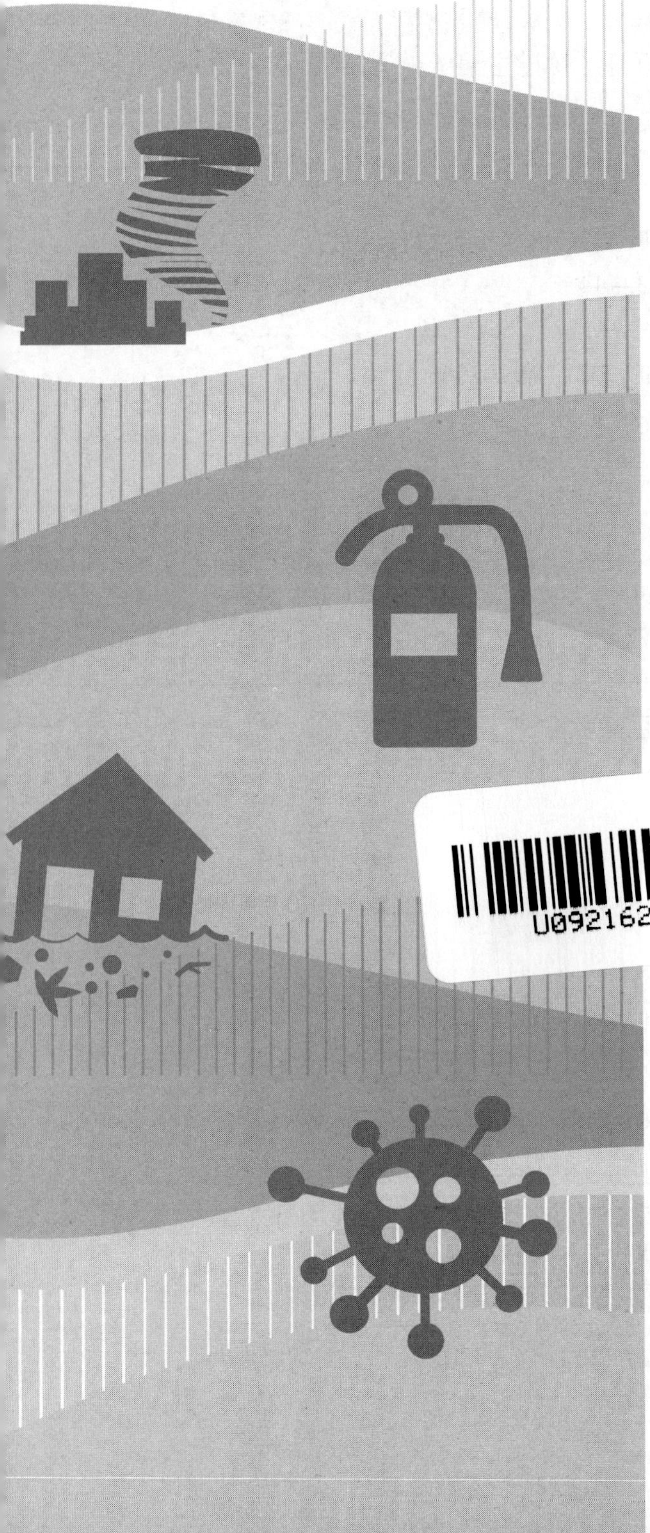

社区突发事件处理知识百问百答

陈　慧　主编

SHEQU TUFA SHIJIAN
CHULI ZHISHI
BAIWENBAIDA

华龄出版社
HUALING PRESS

图书在版编目（CIP）数据

社区突发事件处理知识百问百答 / 陈慧主编. -- 北京：华龄出版社，2021.9
ISBN 978-7-5169-2120-3

Ⅰ. ①社… Ⅱ. ①陈… Ⅲ. ①社区－突发事件－处理－中国－问题解答 Ⅳ. ①D669.3-44

中国版本图书馆 CIP 数据核字（2021）第 202065 号

策　划　社区部　善爱社工　　责任印制　李未圻
责任编辑　魏鸿鸣　李芳悦　　装帧设计　唐韵设计

书　名　社区突发事件处理知识百问百答　　作　者　陈　慧
出　版　华龄出版社 HUALING PRESS
发　行
社　址　北京市东城区安定门外大街甲 57 号　　邮　编　100011
发　行　（010）58122255　　传　真　（010）84049572
承　印　三河市腾飞印务有限公司
版　次　2022 年 3 月第 1 版　　印　次　2022 年 3 月第 1 次印刷
规　格　710mm×1000mm　　开　本　1/16
印　张　12　　字　数　130 千字
书　号　ISBN 978-7-5169-2120-3
定　价　48.00 元

“社区工作者常用知识百问百答系列图书”
编委会

为社会基层治理服务，打造社区所需的精品图书
——华龄出版社“社区书系”倾情奉献

“社区书系”是为适应新时代基层社会治理需要，深入贯彻党的十九届四中全会、五中全会关于“构建基层社会治理新格局”“社会治理特别是基层治理水平明显提高”的重要部署，落实习近平总书记关于“建立一支素质优良的专业化社区工作者队伍”的指示要求而策划编写的，旨在为社区工作人员提供系统的社区工作理论和方法指导，提高社区工作者的理论素养和工作能力，推进社区治理体系与治理能力现代化。

“社区书系”是一个融图书、视频、服务为一体的新型复合出版工程，内容体系包括三个方面：

纸质图书　通过纸质图书阅读，为社区工作者提供系统的理论和方法指导。

线上课程　通过视频课程、网络直播课程，深化重点知识，解读难点知识。

专家服务　通过线下培训、现场诊断等，解决社区工作中存在的问题症结。

华龄出版社是中国老龄协会主管主办的中央部委出版社，为出版“社区书系”专门成立了“社区部”，全面统筹谋划出版。“社区书系”计划出版图书200种，覆盖社区工作各个方面，现面向全国诚邀熟悉社区工作的专家、学者加盟“社区书系”出版计划，一起为中国社区的发展繁荣出一份力！

社区视频培训讲座

前言

社区是城市建设的重要组成部分，也是广大居民群众生活的地方。2020年，习近平总书记在吉林考察时强调，推进国家治理体系和治理能力现代化，社区治理只能加强、不能削弱。社区工作人员在社区治理中直面人民群众，需要时刻联系广大社区居民，协助党和政府做好社区的各种管理与服务。可以说，社区工作人员素质的高低，将决定我国未来社会治理水平的高低。

由于社区工作涉及领域十分广泛，工作任务繁杂琐碎，社区工作者需要了解和掌握很多领域的知识，熟悉一系列最新的政策、法规，掌握一系列行之有效的工作流程、方法，才能够胜任新时代的社区工作。当前，相关领域知识的欠缺、工作能力的不足是很多社区工作者存在的主要问题，缺少高素质的社区工作人员队伍是社区治理现代化面临的重要问题。正是基于这样的分析判断，华龄出版社为了助力建设美好社区，解决当前和今后一个时期社区工作者的迫切需求，提高社区工作者的知识素养和工作能力，推进社区治理能力和治理水平现代化，特别成立了“社区部”，推出了“社区书系”中的一个分系：社区工作者常用知识百问百答系列图书。

该系列图书选取了社区工作非常重要的十个领域——平安建设、政策法律宣传、未成年人教育保护、社会救助、突发事件处理、邻里关系处理、社区养老、婚姻家庭、居民防骗、公益慈善等，从每个领域中精选出

100 多个常见的问题，以问答的形式呈现出来，并进行科学的分类，便于社区工作者学习参考，学有所用，工作起来更加得心应手。

“社区工作者常用知识百问百答系列图书”有以下几个特点：

1. 内容丰富，知识全面

内容涉及平安建设、政策法律宣传、未成年人教育保护、社会救助、突发事件处理等十大社区工作的重要领域，涵盖了这些领域的一般常识和重要知识。这些知识都是社区工作者需要了解和掌握的。

2. 体例新颖，分类科学

将重要的知识点以问答形式呈现出来，并按照细分工作领域和知识类型将这些问题进行了细致的分类，帮助读者梳理和建构知识架构；还设置有“知识链接”环节，进一步拓宽知识面，帮助读者加深了解和掌握。

3. 专家团队，倾力打造

本系列图书由著名社会学家陈慧教授领衔主编，众多社会学专家、学者、资深图书编辑组成了庞大的编写团队，确保图书内容权威、理念先进、思想前卫，切中了当前社区工作中的问题和广大社区工作者的迫切需求。

4. 通俗易懂，实用性强

图书语言通俗易懂，内容深入浅出，学习阅读毫无压力。书中引用了大量最新的政策、法规，不光有知识理论，还有丰富的案例和工作方法指导，具有很强的实用性，对新时代社区工作具有很强的指导作用。

本系列图书融知识性、可读性和实用性于一体，是一套便于社区工作者进行知识查阅、指导社区工作者做好社区工作的必备工具书，有助于提高社区工作者的知识素养和能力水平。由于时间和能力有限，书中难免存在不足之处，敬请广大读者批评指正。

编　者

目　录

第一章　突发事件的基本知识

1. 突发事件的定义是什么?

突发事件的发生是不以人们的意志为转移的,即使有些事件受人为因素的影响,但要想完全避免突发事件的发生是不可能的,这存在着客观必然性。在现代社会,由于工业化、城市化和全球化的影响,人类在谋取福利的同时,也使自身生活的自然环境和社会环境变得越来越脆弱,导致各种突发事件频发。

何谓突发事件?“突发”一词,顾名思义就是出乎意料地突然发生了,让人措手不及;“事件”一词,指的是相对比较重大,且对一定的人群产生一定影响的事情,或者说,是历史上或社会上发生的大事情。突发事件作为一个约定俗成的名词,是人们对出乎意料的事件的总称。这种事件会造成或者可能造成严重的人员伤亡、经济损失、环境破坏,甚至会危害国家的政治安全、经济安全、社会安全等。因此,突发事件是影响到社会局部甚至社会整体的大事件,而不是个人生活中的小事件。通俗来说,就是天灾人祸,也有人称其为“危机”。

对于突发事件,国务院 2006 年 1 月 8 日发布的《国家突发公共事件总体应急预案》将其定义为突然发生,造成或者可能造成重大人员伤亡、财产损失、生态环境破坏和严重社会危害、危及公共安全的紧急事件。2007 年 11 月 1 日,《中华人民共和国突发事件应对法》施行,把突发事件定义为“突然发生,造成或可能造成严重社会危害,需要采取应急处置措施予以应对的自然灾害、事故灾害、公共卫生事件和社会安全事件”。这一定义从我国实际出发,更好地反映了我国对突发事件的认识,因此,我国以此作为突发事件的定义。

知识链接

《中华人民共和国突发事件应对法》由中华人民共和国第十届全国人民代表大会常务委员会第二十九次会议于2007年8月30日通过,自2007年11月1日起施行。该法律共七章70条,是一部规范突发事件应对活动的基本原则以及预防与应急准备、监测与预警、应急处置与救援、事后恢复与重建等内容的重要法律,对于预防和减少突发事件的发生,控制、减轻和消除突发事件引起的严重社会危害,维护国家安全、公共安全、环境安全和社会秩序,具有重要意义。

2. 突发事件的特征有哪些?

突发事件具有以下特征:

(1)突发性。绝大多数突发事件是在人们缺乏充分准备的情况下发生的,使人们的正常生活受到影响,使社会的有序发展受到干扰。由于事发突然,首先,人们在心理上没有做好充分的思想准备,会产生烦躁、不安、恐惧等情绪;其次,社会在资源上没有做好充分的保障准备,需要临时调集各类应急资源;再次,管理者在措施上没有做好充分的设计准备,必须针对具体情况制定处置措施。虽然有些突发事件存在着某种征兆和预警的可能,但由于真实发生的时间和地点难以准确预测,同样具有突发性。

(2)不确定性。突发事件具有高度的不确定性,具体表现在以下两个方面:

一是发生状态的不确定性。突发事件在什么时间、什么地点、以何种形式和规模爆发通常是无法提前预知的。有些自然灾害通过科技手段和经验,能够减少某些不确定因素,但是很难确定是哪些不确定因素造成的结果。如果突发事件没有不确定因素,也就不属于突发事件,这样的事件可预先做好充分的准备工作,用通常的办法应对即可。

二是事态变化的不确定性。突发事件发生之后,由于信息不充分和时间紧迫,绝大多数情况的决策属于非程序化决策,响应人员与公众对形势的判断和具体的行动以及媒体的新闻报道,都会对事态的发展造成影响。许多不确定因素在随时发生变化,事态的发展也会随之出现变化。

(3)破坏性。突发事件的破坏性来自多个方面:对公众生命构成威胁、对公共财产造成损失、对各种环境造成破坏、对社会秩序造成紊乱和对公众心理造成障碍。在危害发生后,由于人们缺乏各方面的充分准备,难免出现人员伤亡和财产损失,造成自然环境、生态环境、生活环境和社会环境的破坏,扰乱社会秩序的正常运行节奏,引发公众心理的不安、烦躁和恐慌情绪。有些破坏是暂时性的,随着突发事件处置的结束逐步消除;而有些破坏产生的影响则是长期的,少则几年,多则几十年,甚至达到百年、数百年。如果对突发事件的处置不当或不及时,可能还会带来经济危机、社会危机和政治危机,造成难以预估的灾难性后果。

(4)衍生性。衍生性是指由原生突发事件的产生而导致其他类型突发事件的发生。主要有两种情况:一种情况是衍生突发事件的危害程度、影响范围低于原生突发事件,社会的主要力量和精力集中于原生突发事件的处置,应急活动的主要对象不会发生改变;另一种情况是衍生突发事件的危害程度、影响范围高于原生突发事件,从本质上讲,问题的主要矛盾已发生了转移,应急活动的主要对象已产生了变化,需要重新调整社会力量和精力,解决面临的主要问题。对于第二种情况只有少数情况是难以避免的,多数情况是由于处置时对问题考虑不周和控制失误所导致。

(5)扩散性。随着社会的进步和现代交通与通信技术的发展,地区、地域和全球一体化的进程不断加快,相互之间的依赖性更为突出,使得突发事件造成的影响不再仅仅局限于发生地,而是通过内在联系引发跨地区的扩散和传播,进而波及其他地域,形成更为广泛的影响。另外,有些突发事件本身带有一定的国际性色彩,其产生的背后具有某些国际势力的支持,自然会出现联动效应,比如恐怖事件、社会骚乱等,这些都会给突发事件的应对带来更大的难度。

(6)社会性。社会性是指突发事件会对社会系统的基本价值观和行为准则构架产生影响,其影响涉及的主体是公众。在突发事件的应对过程中,整个社会会重新审视以往的群体价值观念,通过认识和思考,重新调整社会系统的行为准则和生活方式,重新塑造自身的基本价值观。

(7)周期性。突发事件的类型多种多样,但都具有基本相同的生成过程,都要经历潜伏期、爆发期、影响期和结束期四个阶段,这也是突发事件的生命周期。潜伏期一般时间较长,在此期间突发事件处于质变前的一个量的积累过程,待量积累至一定的程度后,便处于一触即发的状态,一旦导火索被引燃,就会立即爆发出来,给社会带来危害;爆发期是突发事件发生质变后的一个能量宣泄过程,此阶段一般持续时间比较短而猛烈。受导火索的触发,潜伏期逐步积累起来的能量通过一定的形式快速释放,产生巨大的破坏力,给整个社会带来不同程度的危害;影响期是在突发事件爆发之后,由此造成的灾难还在持续产生作用,破坏力还在延续的阶段。许多情况下,影响期与爆发期之间没有明显的界线划分,两者是交叉重叠的;突发事件的危害和影响得到控制之后进入结束期。这一时期按照不同的标准会有不同的结论:从管理的角度出发,一般以社会恢复正常运行状态为结束标志;从过程的角度出发,则以危害和影响完全消除作为结束标志。

《突发事件应急预案管理办法》第十五条:

针对突发事件特点,识别事件的危害因素,分析事件可能产生的直接后果以及次生、衍生后果,评估各种后果的危害程度,提出控制风险、治理隐患的措施。

全面调查本地区、本单位第一时间可调用的应急队伍、装备、物资、场所等应急资源状况和合作区域内可请求援助的应急资源状况,必要时对本地居民应急资源情况进行调查,为制定应急响应措施提供依据。

3. 突发事件的类别有哪些?

根据突发事件的发生过程、性质和机理,我国将突发事件主要分为以下四类:

(1)自然灾害。自然灾害指给人类生存带来危害或损害人类生活环境的自然现象。其主要由自然因素直接导致,包括水旱灾害、气象灾害、地震灾害、地质灾害、海洋灾害、生物灾害和森林草原火灾等。

(2)事故灾难。事故灾难指在人们生产、生活过程中意外发生的,造成大量的人员伤亡、经济损失或环境污染等灾难性后果的事故。其主要由人们无视规则的行为导致，包括工矿商贸等企业的各类安全事故、交通运输事故、公共设施和设备事故、环境污染和生态破坏事件等。

（3）公共卫生事件。公共卫生事件指突然发生，造成或者可能造成社会公众健康严重损害的重大传染病疫情、群体性不明原因疾病、重大食物和职业中毒以及其他严重影响公众健康的事件。其由自然因素和人为因素共同导致，主要包括传染病疫情、群体性不明原因疾病、食品安全和职业危害、动物疫情，以及其他严重影响公众健康和生命安全的事件。

（4）社会安全事件。社会安全事件指对社会和国家稳定与发展造成巨大影响，涉及经济、政治和社会方面的各种突发性的重大事件。其主要由一定的社会问题所诱发，包括恐怖袭击事件、经济安全事件、涉外突发事件和突发群体性事件等。

知识链接

突发事件分类的意义在于：在应急管理中，要明确责任主体，方便处置专业性、技术性强的突发事件。在突发事件的处置过程中，要遵循专业处置的原则以避免次生、衍生灾害的发生。

4. 突发事件是如何分级的？

突发事件按严重程度分为一般（Ⅳ级）、较大（Ⅲ级）、重大（Ⅱ级）和特别重大（Ⅰ级）四级，社会安全事件不分级。预警信号分四级，分别以蓝色、黄色、橙色、红色表示。

一般（Ⅳ级）突发事件：表示其影响局限在社区和基层范围之内，可被县政府所控制和处置。

较大(Ⅲ级)突发事件:表示其后果严重,影响范围较大,发生在一个县(市、区)以内或波及两个县(市、区)以上,超出县级政府应对能力,需要动用地(州、市)级政府力量方可控制和处置。

重大(Ⅱ级)突发事件:表示其规模大、后果特别严重,发生在一个地(州、市)以内或波及两个地(州、市)以上,需要动用省级政府力量方可控制和处置。

特别重大(Ⅰ级)突发事件:表示其规模极大,后果极其严重,其影响超出本省范围,需要动用全省的力量甚至请求中央政府增援和协助方可控制,其应急处置工作由发生地省级政府统一领导和协调,必要时(超出地方处置能力范围或者影响全国的)由国务院统一领导和协调应急处置工作。

不同的突发事件有不同的分级标准,即使是同一类突发事件,其性质、严重程度、可控性和影响范围的因素都有不同。因此,具体事件发生时必须结合不同类别的突发事件情况和其他标准具体分析,而不是简单地以人员伤亡情况或者经济损失情况来判断其级别。

另外,社会安全事件由于其自身的性质和复杂性,在处置方面往往需要各级、各类机关协同配合、统一联动,因此,社会安全事件是不分级的。

《生产安全事故报告和调查处理条例》第三条:

根据生产安全事故(以下简称事故)造成的人员伤亡或者直接经济损失,事故一般分为以下等级:

(一)特别重大事故,是指造成30人以上死亡,或者100人以上重伤(包括急性工业中毒,下同),或者1亿元以上直接经济损失的事故;

（二）重大事故，是指造成10人以上30人以下死亡，或者50人以上100人以下重伤，或者5000万元以上1亿元以下直接经济损失的事故；

（三）较大事故，是指造成3人以上10人以下死亡，或者10人以上50人以下重伤，或者1000万元以上5000万元以下直接经济损失的事故；

（四）一般事故，是指造成3人以下死亡，或者10人以下重伤，或者1000万元以下直接经济损失的事故。

国务院安全生产监督管理部门可以会同国务院有关部门，制定事故等级划分的补充性规定。

5. 什么是应急管理？

应急管理是指政府及其他公共机构在突发事件的事前预防、事发应对、事中处置和善后管理过程中，通过建立必要的应对机制，采取一系列必要措施，保障公众生命财产安全，促进社会和谐健康发展的有关活动。

应急管理是对突发事件的全过程管理，根据突发事件的预防、预警、发生和善后四个发展阶段，应急管理可分为预防与应急准备、监测与预警、应急处置与救援、事后恢复与重建四个过程。应急管理同时也是一个动态管理，包括预防、预警、响应和恢复四个阶段，均体现在管理突发事件的过程中。应急管理还是一个完整的系统工程，可经概括为“一案三制”，即突发事件应急预案，应急机制、体制和法制。

知识链接

应急预案：是应急管理中最基础的部分，也是目前最为首要的任务。

要求根据即将发生或者是正在发生的突发事件，事先制定相应的解决方案，以此来将事件影响缩减到最小。

应急管理机制：是指突发事件全过程中各种制度化、程序化的应急管理方法与措施。

应急管理体制：国家建立以统一领导、综合协调、分类管理、分级负责、属地管理为主的应急管理体制。

应急管理法制：在深入总结群众实践经验的基础上，制订各级各类应急预案，形成应急管理体制机制，并且最终上升为一系列的法律、法规和规章，使突发事件应对工作基本上做到有章可循、有法可依。

6. 突发事件应急管理体制的原则有哪些？

（1）统一指挥。突发事件应对处置工作，必须成立应急指挥机构统一指挥。有关各方都要在应急指挥机构的领导下，依照法律、行政法规和有关规范性文件的规定，展开各项应对处置工作。突发事件应急管理体制，从纵向看包括自上而下的组织管理体制，实行垂直领导，下级服从上级的关系；从横向看同级组织有关部门，形成互相配合，协调应对，共同服务于指挥中枢的关系。

（2）综合协调。在突发事件应对过程中，参与主体是多样的，既有政府及其相关部门，也有社会组织、企事业单位、基层自治组织、公民个人甚至还有国际援助力量，要实行反应灵敏、协调有序、运转高效的应急机制，必须加强在统一领导下的综合协调能力建设。综合协调人力、物力、财力、技术、信息等保障力量，形成统一的突发事件信息系统、统一的应急指挥系统、统一的救援队伍系统、统一的物资储备系统等,以整合各类行政应急资源,最后形成各部门协同配合、社会参与的联动工作局面。

(3)分类管理。由于突发事件有不同的类型,因此,在集中统一的指挥体制下还应该实行分类管理。从管理的角度看,每一大类的突发事件,应由相应的部门实行管理,建立一定形式的统一指挥体制,如在具体制定预案时,就应该明确各专项应急部门收集、分析、报告信息,为专业应急决策机构提供有价值的咨询和建议,按各自职责开展处置工作。但是重大决策必须由组织主要领导作出,这样便于统一指挥,协调各种不同的管理主体。

(4)分级负责。对于突发事件的处置,不同级别的突发事件需要动用的人力和物力是不同的。无论是哪一种级别的突发事件,各级政府及其所属相关部门都有义务和责任做好预警和监测工作,地方政府平时应做好信息的收集、分析工作,定期向上级机关报告相关信息,对可能出现的突发事件作出预测和预警,编制突发事件应急预案,组织应急预案的演练和对公务员及社会大众进行应急知识的教育和培训工作。分级负责明确了各级政府在应对突发事件中的责任。如果在突发事件处置中发生了重大问题,造成了严重损失,必须追究有关政府部门主要领导和当事人的相关责任。对于在突发事件应对工作中不履行职责,行政不作为,或者不按照法定程序和规定采取措施应对、处置突发事件的,要对其进行批评教育,甚至对其进行必要的行政或法律责任追究。

(5)属地管理为主。强调属地管理为主,是由于突发事件发生地政府的迅速反应和正确、有效应对,是有效遏止突发事件发生、发展的关键。大量的事故灾难类突发事件统计表明,80%死亡人员发生在事发最初2小时内,是否在第一时间实施有效救援,是突发事件应对的关键。因此,必须明确地方政府是发现突发事件苗头、预防发生、先行应对、防止扩散(引发、衍生新的突发事件)的第一责任人,赋予其统一实施应急处置的权力。出现重大突发事件,地方政府必须及时、如实向上级报告,必要时可以越级报告。以属地管理为主,让地方政府能迅速反应、及时处理,是适应反应灵敏的应急管理机制的必然要求。当然,属地管理为主并不排斥上级政府及其有关部门对其应对工作的指导,也不能免除发生地其他部门和单位的协同义务。

知识链接

《中华人民共和国突发事件应对法》第四条:国家建立统一领导、综合协调、分类管理、分级负责、属地管理为主的应急管理体制。

7.《中华人民共和国突发事件应对法》的立法宗旨是什么?

《中华人民共和国突发事件应对法》的立法宗旨如下:

(1)预防和减少突发事件的发生。

(2)控制、减轻和消除突发事件引起的严重社会危害。

(3)规范突发事件应对活动。

(4)保护人民生命财产安全。

知识链接

《中华人民共和国突发事件应对法》第五条:

突发事件应对工作实行预防为主、预防与应急相结合的原则。国家建立重大突发事件风险评估体系,对可能发生的突发事件进行综合性评估,减少重大突发事件的发生,最大限度地减轻重大突发事件的影响。

《中华人民共和国突发事件应对法》第六条：

国家建立有效的社会动员机制，增强全民的公共安全和防范风险的意识，提高全社会的避险救助能力。

8. 突发事件各阶段应对工作的主要内容有哪些？

根据可能造成危害和威胁、实际危害已经发生、危害逐步减弱和恢复的演变过程，可将突发事件的应对过程总体上划分为预防与应急准备、监测与预警、应急处置与救援、事后恢复与重建四个阶段。每个阶段的应对工作具体如下：

（1）预防与应急准备。预防与应急准备是防患于未然的阶段，也是应对突发事件最重要的时期。这个时期的主要任务是防范和阻止突发事件的发生，建立应急预案体系和预防机制，同时对危险源及相关区域进行调查、登记、风险评估并定期检查、监控，加强全民教育，建立高素质的应急救援队伍，确立应急保障制度。

对于不同原因引发的突发事件，预防与应急准备所采取的手段、措施也是不同的。对于自然因素引发的突发事件，主要是采取一些直接的控制或者防范措施，例如对于水灾的预防与准备，可以采取加固堤岸等措施；对于人为因素引发的突发事件，主要是采取一些间接的控制或者防范措施，例如对于群体性事件的预防与准备，可以采取解决社会矛盾、缓解干群关系等措施；对于自然因素与人为因素交互作用引发的突发事件，则是采用直接控制与间接调控相结合，例如对于传染性疾病的预防与准备，可以采取开发针对病原体的药品、购置医疗设备以及防止人群聚集等措施。

(2)监测与预警。监测与预警阶段是预防与应急准备阶段的工作延伸。这个阶段的主要任务是把突发事件控制在特定类型以及特定的区域内,早发现、早报告、早预警,及时做好应急准备,有效处置突发事件,建立监测机制和预警机制,尽可能控制事态发展。在监测与预警方面,对于自然因素或者自然因素与人为因素交互作用引发的突发事件,主要通过观测仪器、装备和技术获取相关资料数据,根据监测情况,结合事件发生的历史规律进行综合分析,对事件爆发的可能性、强度、范围作出判断、评估、统计和科研,并将评估结论告知社会公众,增强公众的危机意识,及时做好防范准备。

(3)应急处置与救援。应急处置与救援阶段是应对突发事件最为关键的时期。这个时期的主要任务是及时控制突发事件并防止其蔓延,要求快速反应,依法及时采取有力措施,开展应急救援工作,避免发展为特别严重的事件,尽可能减轻和消除事件对人民生命财产安全造成的损害。

对于自然、人为因素或者两者交互作用引发的突发事件,应急处置与救援所采取的手段和措施没有太大的区别,二者必须按照应急预案展开救援行动,以最大限度地保护人民生命财产安全。同时,根据突发事件的特点和大小,合理确定应急防范的范围,确定应急队伍及装备、设施,保障信息、通信系统的快捷、便利,保障运输系统的畅通、高速,整合一切应急资源的应急指挥体系。

(4)事后恢复与重建。事后恢复与重建阶段是应急处置与救援阶段的另一种延伸。应急处置与救援工作结束后,并不代表突发事件应对过程的结束,而是缓解、善后工作的延伸。这个阶段的主要任务是降低应急措施的强度并尽快恢复生产、生活、工作和社会的正常秩序,妥善解决处置突发事件过程中引发的矛盾和纠纷。同时，对整个事件处理过程进行调查评估并总结经验，提出改进的措施。

突发事件一旦被控制，迅速挽回事件所造成的损失就成为事后恢复与重建的首要工作，但在恢复工作前必须分析事件产生的影响和后果，进而制定出有针对性的恢复计划，并切实处理好实体重建、心理重建、资源重建等一系列问题。

知识链接

加强应急管理，提高预防和处置突发事件的能力，是关系国家经济社会发展全局和人民群众生命财产安全的大事，是构建社会主义和谐社会的重要内容，是坚持以人为本、执政为民的重要体现，也是全面履行政府职能，进一步提高行政能力的重要方面。通过加强应急管理，建立健全社会预警机制、突发事件应急机制和社会动员机制，可以最大程度地预防和减少突发事件及其造成的损害，保障公众的生命财产安全，维护国家安全和社会稳定，促进经济社会全面、协调、可持续发展。

9. 社区在突发事件中的作用有哪些？

社区作为城市的功能单位，起着基础性作用，更是承担和解决各类灾害的主体之一，并在国家应急管理体系中发挥着重要作用。

（1）有助于危机的快速预警。突发事件在解决过程中十分重视时效性，如果延误了最佳时机就很有可能造成无法挽回的后果。突发事件发生后的第一要义就是要迅速对事件所牵扯的信息，以最快的速度进行汇总和调查并展开行动。社区能确保在最短的时间内展开救援，同时利用良好的群众关系还能对部分事件进行预测，最大程度上保障群众生命和财产安全。

(2)有助于危机的快速处理。由于灾害发生的多样性和不确定性，会对相关救援人员的调遣造成一定程度上的困难。一旦面对特大事件或者重大事件，人员调遣的迟滞就会导致整个行动产生迟缓和拖延。此时就需要适当借助社会力量共同参与，以便快速解决问题。社区作为一个基本单位，往往最先掌握事故发生程度、事故发生的地理位置、人员情况和交通情况的，因此要在最短时间内，根据已经掌握的基本信息，提前做出科学应对策略。

(3)有助于降低危机处理成本。我国自然灾害发生的地方多处于偏远山区，其地形复杂，一旦发生灾害很有可能就会因为塌方等一系列衍生问题对救援造成阻碍。例如由于道路受阻，导致很多物资没有办法及时运送到灾区，救援人员即使迫降也很难找到合适的地点，因此造成了救援工作的延误。如何处理解决这一问题，就要求社区针对所在区域的特点，提前梳理出一条可行的应急处理方案，开辟一条应急处理通道。这样在面对特大或重大灾害时，就能快速对灾害发生状况作出反应，提高救援效率，降低救援成本，尽快解救更多受灾人员的生命和财产。

知识链接

《中华人民共和国突发事件应对法》第五十五条：

突发事件发生地的居民委员会、村民委员会和其他组织应当按照当地人民政府的决定、命令，进行宣传动员，组织群众开展自救和互救，协助维护社会秩序。

第二章 突发事件预防与应急准备

10. 突发事件预防与应急准备的基础性工作内容有哪些？

突发事件预防与应急准备的基础性工作具体包括以下内容：

（1）结合实际情况，制定相应的突发事件应急预案，并适时修订。

（2）统筹安排应对突发事件所必需的设备和基础设施建设，确定应急避难场所。

（3）对危险源、危险区域进行调查、登记、风险评估，定期进行检查、监控，并责令有关单位采取安全防范措施。

（4）对于容易引发特别重大突发事件的危险源、危险区域进行调查、登记、风险评估，组织进行检查、监控，并责令有关单位采取安全防范措施。

（5）建立健全安全管理制度，定期检查各项安全防范措施的落实情况，及时消除事故隐患。

（6）掌握并及时处理可能引发社会安全事件的问题，防止矛盾激化和事态扩大。

（7）对于可能发生的突发事件和采取安全防范措施的情况，应当按照规定及时向所在地人民政府或者人民政府有关部门报告。

（8）建立健全突发事件应急管理培训制度，整合应急资源，建立健全综合、专业、专职与兼职、志愿者应急救援队伍体系并加强培训和演练。

（9）组织开展应急知识的宣传普及活动和必要的应急演练，要求各级各类学校和其他教育机构应当将应急知识作为学生素质教育的重要组成内容。

(10)保障突发事件应对工作所需经费。

(11)建立健全重要应急物资的监管、生产、储备、调拨和紧急配送体系,完善应急物资储备保障制度和应急通信保障体系。

(12)鼓励公民、法人和其他组织为人民政府应对突发事件工作提供物资、资金、技术支持和捐赠等。

(13)应当做好应对突发事件的经费和物资准备,组织做好应急救援物资生产能力的储备,保障突发事件应对工作的通讯畅通。

知识链接

国际安全科学领域里有一条“海恩法则”,是德国飞机涡轮机的发明者帕布斯·海恩提出的一个在航空界关于飞行安全的法则:每一起严重事故的背后,必然有29次轻微事故和300起未遂先兆以及1000起事故隐患。

按照海恩法则分析,事故的发生是量的积累的结果,但任何不安全事故都是可以预防的。当一起重大事故发生后,相关工作人员在处理事故的同时,还要对同类问题的“事故征兆”和“事故苗头”及时进行排查处理,防止类似问题的重复发生,消除再次发生重大事故的隐患,把问题解决在萌芽状态。

假如人们在安全事故发生之前,预先防范事故征兆、事故苗头,预先采取积极有效的防范措施,那么,事故苗头、事故征兆、事故本身就会被减少到最低限度,甚至能够避免发生。由此推断,要减少事故,重在防范;要保证安全,必须以预防为主。

11. 我国应急预案体系的组成有哪些?

应急预案应形成体系,针对各级各类可能发生的事故和所有危险源制订专项应急预案和现场应急处置方案,并明确事前、事发、事中、事后各个过程中相关部门和有关人员的职责。我国应急预案体系主要由综合应急预案、专项应急预案、现场处置方案组成。

(1)综合应急预案。综合应急预案是从总体上阐述处理事故的应急方针、政策,应急组织结构及相关应急职责,应急行动、措施和保障等基本要求和程序,是应对各类事故的综合性文件。

(2)专项应急预案。专项应急预案是针对具体的事故类别(如煤矿瓦斯爆炸、危险化学品泄漏事故等)、危险源和应急保障而制定的计划或方案,是综合应急预案的组成部分,应按照综合应急预案的程序和要求组织制定,并作为综合应急预案的附件。专项应急预案应制定明确的救援程序和具体的应急救援措施。

(3)现场处置方案。现场处置方案是针对具体的装置、场所或设施、岗位所制定的应急处置措施。现场处置方案应具体、简单、针对性强。现场处置方案应根据风险评估及危险性控制措施逐一编制,做到事故相关人员应知应会,熟练掌握,并通过应急演练,做到迅速反应、正确处置。

知识链接

《中华人民共和国突发事件应对法》第十七条:

国家建立健全突发事件应急预案体系。

国务院制定国家突发事件总体应急预案,组织制定国家突发事件专项应急预案;国务院有关部门根据各自的职责和国务院相关应急预案,制定国家突发事件部门应急预案。

地方各级人民政府和县级以上地方各级人民政府有关部门根据有关法律、法规、规章、上级人民政府及其有关部门的应急预案以及本地区的实际情况,制定相应的突发事件应急预案。

应急预案制定机关应当根据实际需要和情势变化,适时修订应急预案。应急预案的制定、修订程序由国务院规定。

12. 应急预案的主要内容有哪些?

应急预案指面对突发事件如自然灾害、重特大事故、环境公害及人为破坏的应急管理、指挥、救援计划等。它一般应建立在综合防灾规划上。其几大重要子系统分别为:完善的应急组织管理指挥系统;强有力的应急工程救援保障体系;综合协调、应对自如的相互支持系统;充分备灾的保障供应体系;体现综合救援的应急队伍等。

应急预案可根据《国务院有关部门和单位制定和修订突发公共事件应急预案框架指南》进行编制。应急预案的主要内容包括以下方面:

(1)总则:说明编制预案的目的、工作原则、编制依据、适用范围等。

(2)组织指挥体系及职责:明确各组织机构的职责、权利和义务,以突发事故应急响应全过程为主线,明确事故发生、报警、响应、结束、善后处理处置等环节的主管部门与协作部门;以应急准备及保障机构为支线,明确各参与部门的职责。

(3)预警和预防机制:包括信息监测与报告,预警预防行动,预警支持系统,预警级别及发布建议共四级预警。

(4)应急响应:包括分级响应程序,原则上按一般、较大、重大、特别重大四级启动相应预案。具体包括信息共享和处理,通讯,指挥和协调,紧急处置,应急人员的安全防护,群众的安全防护,社会力量动员与参与,事故调查分析、检测与后果评估,新闻报道,应急结束等11个要素。

(5)后期处置:包括善后处置、社会救助、保险、事故调查报告和经验教训总结及改进建议。

(6)保障措施:包括通信与信息保障,应急支援与装备保障,技术储备与保障,宣传、培训和演习,监督检查等。

(7)附则:包括有关术语、定义,预案管理与更新,国际沟通与协作,奖励与责任,制定与解释部门,预案实施或生效时间等。

(8)附录:包括相关的应急预案、预案总体目录、分预案目录、各种规范化格式文本,相关机构和人员通讯录等。

知识链接

只有当出现的突发事件满足应急预案中所设定的启动条件时,应急预案才可以启动。《国家突发公共事件总体应急预案》中对于应急预案启动的规定如下:“突发公共事件发生后,事发地的省级人民政府或者国务院有关部门在报告特别重大、重大突发公共事件信息的同时,要根据职责和规定的权限启动相关应急预案,及时、有效地进行处置,控制事态。”“对于先期处置未能有效控制事态的特别重大突发公共事件,要及时启动相关预案,由国务院相关应急指挥机构或国务院工作组统一指挥或指导有关地区、部门开展处置工作。”同样,对于其他企事业单位而言,应急工作小组接到现场发生突发事件的报警并核实后,应当立即报告单位第一管理者,由单位第一管理者决定并发布正式启动应急预案的命令,并在同一时间向上级单位的应急工作小组报告。

当突发事件已经被控制到一定范围内,整个事件发展态势得以遏制并即将进入全面恢复阶段时,应急预案也应当适时予以终止。终止条件一般在应急预案中有事先规定,《国家突发公共事件总体应急预案》规定:“特别重大突发公共事件应急处置工作结束,或者相关危险因素消除后,现场应急指挥机构予以撤销。”

13. 应急预案的编制分为哪几个步骤?

应急预案的编制一般可以分为五个步骤,即组建编制团队,分析法律法规、危险和应急能力,编制预案,评审与发布预案,实施预案。

(1)组建编制团队

应急预案编制工作涉及面广、专业性强,是一项复杂的系统工程。编制成功需要有关职能部门和团体的积极参与,并达成一致意见,尤其是需要寻求与危险直接相关的各方进行合作。因此,应当组建一个应急预案编制团队,规定预案编制人员的基本要求,明确预案编制任务、职责分工和工作计划,将各有关职能部门、各类专业技术有效结合起来,应急各方通过协作与交流统一不同观点和意见,从而有效保证应急预案的准确性、完整性和实用性。

(2)分析法律法规、危险和应急能力

想要准确完成应急预案的编制目标和内容,就必须进行危险分析和应急能力评估工作。想要有效完成危险分析和应急能力评估工作,就必须首先进行初步的资料收集,包括相关的法律法规、应急预案、技术标准、国内外同行业案例分析、技术资料、重大危险源等。

①法律法规分析。包括分析国家相关法律、地方政府法规与规章,例如《中华人民共和国突发事件应对法》《中华人民共和国防洪法》等;调

研现有预案，例如政府预案、行业预案、企业预案等；调查基础情况，例如单位基本情况、危险源基本情况、过去发生的类似情况等。通过分析法律法规及已有预案，可以避免与所编制的预案发生冲突。

②危险分析。危险分析是应急预案编制的关键过程。它是指在辨识分析、评价危险因素及排查、治理事故隐患的基础上，确定本区域或本单位可能发生事故的危险源、事故的类型、影响范围和后果等，指出事故可能产生的次生、衍生事故，形成分析报告，将分析结果作为应急预案的编制依据。分析危险时，通常考虑以下五个因素：历史情况、地理因素、技术问题、人为因素和环境因素。

③应急能力分析。编制应急预案时应当在评估应急能力是否与潜在危险相适应的基础上，选择最现实、最有效的应急策略。应急能力分析就是依据危险分析的结果，评估应急资源准备状况的充分性和从事应急救援活动所具备的能力，明确应急救援的需求和不足。应急能力包括应急资源、应急人员、应急设施、装备和物资及应急人员的技术、经验和接受的培训等。目前城市应急能力评价内容包括：法制基础、管理机构、指挥中心、专业队伍、专兼职队伍和志愿者、危险分析、监测和预警、指挥与协调、防灾减灾、后期处理、通信和信息保障、决策支持、装备和设备、资金、培训、演练、宣传教育、预案编制。

(3)编制预案

针对可能发生的突发事件，结合法律法规、危险和应急能力的分析等信息，按照《国家突发公共事件总体应急预案》《国务院有关部门和单位制定和修订突发公共事件应急预案框架指南》《人民政府突发公共事件总体应急预案框架指南》等有关规定和要求编制应急预案。

编制应急预案过程中，要确定具体的工作目标和阶段性工作时间表。例如，工作任务清单中要落实到具体的人员和时间；确定预案总体和各章节的结构时按章节分配给具体成员;培训编制人员发挥自身专业优势,使每个人都能掌握危险分析和应急能力分析结果,明确应急预案的框架、应急过程行动重点以及应急衔接、联系要点。同时,编制的应急预案应充分利用社会应急资源,考虑与政府应急预案、上级主管单位以及相关部门的应急预案相衔接。如果涉及外部机构支援时,应事先沟通协调。企业编制预案应将相关的情况报告地方政府主管部门,将上级的应急要求和精神纳入本单位的应急预案。

(4)评审与发布预案

①应急预案的评审。应急预案编制单位或管理部门依据我国有关应急的方针、政策、法律、法规、规章、标准和其他有关应急预案编制的指南性文件与评审检查表,组织开展应急预案评审工作,取得政府有关部门和应急机构的认可。应急预案评审采取形式评审和要素评审两种方法。形式评审主要用于应急预案备案时的评审,要素评审用于生产经营单位组织的应急预案评审工作。应急预案评审采用符合、基本符合、不符合三种意见进行判定。同时,应急预案评审要坚持 7 个原则:合法性、完整性、针对性、实用性、科学性、操作性、衔接性。

②应急预案的发布。应急预案应由单位各级管理人员、应急管理人员和应急响应人员充分讨论和修订、评审,经批准后发布,并报送有关部门和应急机构备案。

(5)实施预案

应急预案经批准后实施生效。应急预案实施主要包括:应急预案宣传、教育和培训,应急资源的定期检查落实,应急演练,应急预案的实践,应急预案的电子化,事件回顾等。通过有效实施,不断更新、完善所编制的应急预案。

知识链接

随着社会环境的不断变化，必然会出现应急预案不能满足实际需求的情况。虽然我国不少城市应急预案都已经有明显进步，正在逐步完善，但是应急预案无论怎么完善都会有一定的局限性，而且它也存在一定的滞后性，不利于及时应对新环境下的突发事件。因此，每一次灾害过后，应急预案制定机关都应当根据实际需要和情势变化，组织相关人员适时修订完善应急预案。应急预案的评估和修改保证了突发事件发生后能够有序、有效地处置，为应对各类突发事件打下了良好的基础。

应急预案更新需要具备以下七个基本条件之一：应急方面的相关法律、法规变化；地区、企业的危险源或风险因素变化；应急组织体系或指挥体系变化；机构、部门或人员职责变化；通过演练发现预案中存在的问题；实践应急工作中总结出的经验；预案生效并执行超过修订规定年限。

14. 公共交通和公共场所应怎样预防突发事件？

公共交通工具、公共场所和其他人员密集场所的经营单位或者管理单位应当制定具体应急预案，为交通工具和有关场所配备报警装置和必要的应急救援设备、设施，注明其使用方法，并显著标明安全撤离的通道、路线，保证安全通道、出口的畅通。有关单位应当定期检测、维护其报警装置和应急救援设备、设施，使其处于良好状态，确保正常使用。

社区应定期组织人员或积极协助有关部门对公共交通工具、公共场所和其他人员密集场所的经营单位或者管理单位进行检查。

《中华人民共和国突发事件应对法》第二十二条：

所有单位应当建立健全安全管理制度，定期检查本单位各项安全防范措施的落实情况，及时消除事故隐患；掌握并及时处理本单位存在的可能引发社会安全事件的问题，防止矛盾激化和事态扩大；对本单位可能发生的突发事件和采取安全防范措施的情况，应当按照规定及时向所在地人民政府或者人民政府有关部门报告。

15. 对于容易引发突发事件的危险源、危险区域，可采取哪些防范措施？

危险源是指长期地或者临时地生产、搬运、使用或者储存危险物品，且危险物品的数量等于或者超过临界量的单元（包括场所和设施）。危险区域是指容易引发自然灾害、事故灾难或公共卫生事件，可能会对位于此环境内的人员造成健康或安全威胁的区域。对容易引发突发事件的危险源、危险区域进行调查、登记，是突发事件预防的重要基础性工作。

社区应联合有关部门定期开展调查、登记和风险评估工作，在摸清危险源、危险区域的基本情况后，定期检查，发现问题及时处理，对相关的危险源、危险区域进行全天候的监控，并及时向上级部门报告，及时向社会公布已登记的危险源、危险区域。同时，社区还要联合相关部门监督有关单位采取安全防范措施的情况，责令其根据有关法律、法规、规章或者安全生产规范的要求，完善监测管理措施，确保安全。通过建立隐患调查和监控制度，能够尽可能地消除引发突发事件的各种隐患。

知识链接

《中华人民共和国危险化学品安全管理条例》第六十七条：

危险化学品生产企业、进口企业，应当向国务院安全生产监督管理部门负责危险化学品登记的机构（以下简称危险化学品登记机构）办理危险化学品登记。

危险化学品登记包括下列内容：

（一）分类和标签信息；

（二）物理、化学性质；

（三）主要用途；

（四）危险特性；

（五）储存、使用、运输的安全要求；

（六）出现危险情况的应急处置措施。

对同一企业生产、进口的同一品种的危险化学品，不进行重复登记。危险化学品生产企业、进口企业发现其生产、进口的危险化学品有新的危险特性的，应当及时向危险化学品登记机构办理登记内容变更手续。

危险化学品登记的具体办法由国务院安全生产监督管理部门制定。

《中华人民共和国危险化学品安全管理条例》第七十条：

危险化学品单位应当制定本单位危险化学品事故应急预案，配备应急救援人员和必要的应急救援器材、设备，并定期组织应急救援演练。危险化学品单位应当将其危险化学品事故应急预案报所在地设区的市级人民政府安全生产监督管理部门备案。

《中华人民共和国危险化学品安全管理条例》第七十二条：

发生危险化学品事故，有关地方人民政府应当立即组织安全生产监督管理、环境保护、公安、卫生、交通运输等有关部门，按照本地区危险化学品事故应急预案组织实施救援，不得拖延、推诿。

有关地方人民政府及其有关部门应当按照下列规定，采取必要的应急处置措施，减少事故损失，防止事故蔓延、扩大：

（一）立即组织营救和救治受害人员，疏散、撤离或者采取其他措施保护危害区域内的其他人员；

（二）迅速控制危害源，测定危险化学品的性质、事故的危害区域及危害程度；

（三）针对事故对人体、动植物、土壤、水源、大气造成的现实危害和可能产生的危害，迅速采取封闭、隔离、洗消等措施；

（四）对危险化学品事故造成的环境污染和生态破坏状况进行监测、评估，并采取相应的环境污染治理和生态修复措施。

《中华人民共和国危险化学品安全管理条例》第七十三条：有关危险化学品单位应当为危险化学品事故应急救援提供技术指导和必要的协助。

《中华人民共和国危险化学品安全管理条例》第七十四条：危险化学品事故造成环境污染的，由设区的市级以上人民政府环境保护主管部门统一发布有关信息。

16. 对于可能引发社会安全事件的矛盾纠纷应当如何处理？

社区的工作往往直接和广大人民群众打交道，能够及时了解到人民群众的思想状况和他们之间存在的矛盾纠纷，因此，对于可能引发社会安全事件的矛盾纠纷，可以采取以下处理方法：

第一，加强开展矛盾纠纷的排查和调处工作，及时化解各种矛盾纠纷,并加强思想政治工作,解决人民群众思想上存在的问题,以避免矛盾纠纷激化或者群众产生过激行为,引发社会安全事件。

第二,充分发挥人民调解委员会的作用,积极调解民间纠纷,宣传国家法律、法规、规章和政策,教育公民遵纪守法,尊重社会公德,从而既能调解纠纷、化解矛盾,又能增强群众的法律意识,提高群众的道德水平,从根本上减少和预防矛盾纠纷的发生。

知识链接

《中华人民共和国突发事件应对法》第二十一条:

县级人民政府及其有关部门、乡级人民政府、街道办事处、居民委员会、村民委员会应当及时调解处理可能引发社会安全事件的矛盾纠纷。

17. 应急救援队伍有哪些类型?

突发事件应急救援队伍,是指由公安消防、特警、武警、军队等力量组成的骨干应急救援队伍,以及各级政府、相关部门、村居委会、学校、企事业单位和群众自治组织利用各种力量组成的负责处置本地区、本单位突发事件的各类专职或兼职应急队伍。这些队伍在突发事件应急处置中可以发挥重要作用。

(1)综合性应急救援队伍。综合性应急救援队伍是由公安消防、特警、武警、军队等作为骨干力量,由各行业、各领域具备一定专业技术水平的专家团队作为技术支撑,具有特定专业技术能力,专门处置各类突发事件中专业技术事故的应急救援队伍,包括由基层政府、有关部门、企事业单位和群众自治组织组建的专职、兼职、义务应急救援队伍。

（2）志愿者应急救援队伍。志愿者应急救援队伍是由共青团、义工联、红十字会、青年志愿者协会以及其他组织建立的各种志愿者参加的应急救援队伍。

当社区发生突发事件时，社区应急领导小组应根据突发事件的性质尽快向有关部门或有关组织联系，请其派遣应急救援人员前来求助。

《中华人民共和国突发事件应对法》第二十六条：

县级以上人民政府应当整合应急资源，建立或者确定综合性应急救援队伍。人民政府有关部门可以根据实际需要设立专业应急救援队伍。

县级以上人民政府及其有关部门可以建立由成年志愿者组成的应急救援队伍。单位应当建立由本单位职工组成的专职或者兼职应急救援队伍。

县级以上人民政府应当加强专业应急救援队伍与非专业应急救援队伍的合作，联合培训、联合演练，提高合成应急、协同应急的能力。

18. 应急管理培训的内容有哪些？

为了应对突发事件，应定期进行应急管理培训。培训内容如下：

（1）法律法规培训。通过党和国家及各级党委、政府制定的应急管理工作方针、政策、法律、法规培训，增强党政领导干部的应急管理意识。

（2）应急管理基础理论知识及专业技能培训。学习国内外专家学者对应急管理工作研究的成果，通过信息报告、技术通信、预案管理组织演练等方面的技能培训，提高各级应急管理工作人员应对突发事件的组织协调能力、隐患排查监管能力。

(3)应急救援队伍专业技能培训。由相关专业技术人员提供指导，加强对各类救援队伍的专业技能训练，提高在不同情况下实施救援和协同处置的能力。

各社区书记、主任、联络员和网格应急队长等人可通过培训进一步完善社区应急管理队伍标准化建设，实现管理规范、上下联动、专兼并存、保障有力，基本满足社区常态化管理和非常态化应急的要求，有效提升社区突发事件应急管理工作水平，切实增强群众安全感、获得感。

知识链接

《中华人民共和国突发事件应对法》第二十五条：

县级以上人民政府应当建立健全突发事件应急管理培训制度，对人民政府及其有关部门负有处置突发事件职责的工作人员定期进行培训。

19. 应急预案的演练类型及过程有哪些？

应急预案演练，简单地说，就是一种模拟突发事件发生并启用应急预案应对的演习。实践证明，应急预案演练能在突发事件发生时有效减少人员伤亡和财产损失，使人们的生活迅速从各种灾难中恢复正常状态。通过演练应急预案，可以提高公众应对突发事件的风险意识，检验应急预案效果的可行性，进一步明确各自的岗位与职责，提高应急预案的应急水平及应急能力。

(1)应急预案演练的类型

根据演练规模的不同，应急预案演练可以分为桌面演练、功能演练和全面演练。

①桌面演练。桌面演练主要是锻炼演练人员解决问题的能力，明确应急组织相互协作和职责划分的问题。桌面演练一般在会议室进行，由应急组织的代表或者关键岗位人员参加，针对有限的应急响应和内部协调活动，按照应急预案及标准工作程序讨论紧急情况时应采取的行动，讨论不受时间限制。通过口头评论的形式收集参加人员的建议，形成书面报告，总结演练活动和提出改进建议。三种类型的演练中，桌面演练成本最低。

②功能演练。功能演练主要针对应急响应功能，检验应急人员以及应急体系的策划和响应能力。功能演练一般在应急指挥中心或者现场指挥部进行，并可同时开展现场演练，调用有限的应急设备。演练完成后，除采取口头评论形式外，还应向地方提交有关演练活动的书面汇报，提出改进建议。功能演练又可以分为单项演练和组合演练，单项演练是针对某项应急功能进行的演练，例如现场警戒、人群疏散、医疗救护等。组合演练是将具有较紧密联系的多个应急功能或任务组合在一起进行演练，以加强各应急救援组织之间的配合和协调，例如将警报、紧急公告、现场警戒、人群疏散与医疗救护、药品发放一起演练。

③全面演练。全面演练主要是对应急预案中全部或者大部分应急响应功能进行检验，以评价应急组织的应急运行能力和相互协调能力。全面演练为现场演练，一般持续几个小时，采取交互的方式进行，演练过程要求尽量真实，调用更多的应急人员和资源进行实战性演练。全面演练过程复杂，牵涉到许多部门，因此，事前应当经过周密策划。事后，除口头评论外，还应提交正式的书面报告。

(2)应急预案演练过程

一般而言，如果相当长的一段时间内没有应急活动，一个组织的应急预案就需要进行演练。当应急预案进行重大修改之后,应急演练也十分必要。应急演练的益处包括:检查预案的有效性,发现应急规划及响应其中存在的问题;磨合应急相关部门,增强彼此的信任与默契;向社会公众宣传预案,进行公共安全教育,提高公共安全意识;检验有关部门的应急行动程序,提高应急行动技能;检验多部门联动的能力,评估协调的有效性。

应急演练的过程可以分为六个阶段:需求确定、分析、设计、实施、总结、改进。

第一,所有的演练都源于需求,包括检验、评估应急规划、程序或体系。应急演练的动因也可能是评估应急组织的绩效或者检验应急技术、装备的性能。演练管理者必须尽早与其他管理人员及相关人员进行商讨,以获得更多的支持。

第二,在应急演练需求确定之后,有关部门要对需求进行分析,并据此确定演练的目标及预期的结果。演练的目的与动机确定后,应急管理部门应考虑的因素包括:场景(演练的故事情节)、时间、规模、地点、参演人员与机构、费用、装备、后勤保障、法律规范等。

第三,设计就是要决定应急演练的类型与规模,并制定、编写演练计划。设计的内容包括确定适当的演练方式,设定演练场景,选择、任命导演人员,确定演练控制需求,决定协调制度,确定管理及后勤需求。

第四,在实施阶段,参演人员要根据演练计划的规定,逐阶段地完成演练的各项任务。在演练开始之前,应急管理部门要向参演人员简要、准确地通报演练的目的及预期结果、安全问题及制度安排、沟通程序与政策、突发情况的处理、事后总结的地点等。导演在确认沟通系统良好、参演人员就位后,宣布演练开始。在演练过程中,导演按照计划控制演练过程。当然,导演也可以根据实际需要,临时改变演练进程,确保预期目标得以实现。在演练任务完成后,导演宣布演练结束。

第五,演练结束后,在总结阶段,参演人员应聚集在一起,讨论演练的过程,向演练管理部门提出问题和建议。这是一个演练评估的过程,内容包括:分析演练过程,查找差距,解决问题,提出改善性建议等。在此基础上,由导演或导演指定人员完成演练报告。

第六,演练管理人员根据参演人员的建议,采取相应的措施,矫正演练中暴露出来的问题。这包括修正应急预案,也包括未来举行新的演练等,以检验改进的结果。

《突发事件应急预案管理办法》第二十二条:

应急预案编制单位应当建立应急演练制度,根据实际情况采取实战演练、桌面推演等方式,组织开展人员广泛参与、处置联动性强、形式多样、节约高效的应急演练。

专项应急预案、部门应急预案至少每3年进行一次应急演练。

地震、台风、洪涝、滑坡、山洪泥石流等自然灾害易发区域所在地政府,重要基础设施和城市供水、供电、供气、供热等生命线工程经营管理单位,矿山、建筑施工单位和易燃易爆物品、危险化学品、放射性物品等危险物品生产、经营、储运、使用单位,公共交通工具、公共场所和医院、学校等人员密集场所的经营单位或者管理单位等,应当有针对性地经常组织开展应急演练。

20. 应对突发事件的工作内容有哪些？

做好应对突发事件工作，必须从教育、预案、责任、能力等方面着手，提高应对水平，保护群众安全，保障社会稳定。具体而言，应从以下方面做起：

（1）重视宣传教育。通过媒体宣传、学习培训、知识考核，增强执政为民意识，增强安全意识，增加安全常识教育。

（2）安全常识教育。重视专家作用，成立突发事件应急管理领导小组，提高应急管理科学化水平。要加强干部应急管理宣传培训工作，做到人人培训与专门干部培训相结合。

（3）完善预案建设。建立信息库，整合应急信息系统，建立各级应急指挥中心，启动应急平台建设，实现监测监控、信息报告、综合研制、指挥调度、移动应急平台和异地会商功能。同时建立健全信息报告制度体系，建立直报信息网络，形成动态监控、分析、预警制度，制定多层次、多领域、全覆盖的应急预案体系。要进行预案语言模拟，提高预案实战性、可操作性、可行性。要重视应急信息公布，重视政务公开信息透明，做到责任到人、到部门、到机构，明确公开程序、制度、办法，做到及时、全面、主动公开。

（4）落实责任措施。明确责任，分清职能，完善问责，对造成、隐瞒突发公共事件的工作人员依法问责。要确保措施落实，加大督察力度，引入监督体制，明确措施责任，做到制度管事、制度管人。要开展专项治理，关口前移，全面排查矿井、交通、消防、水火等存在的隐患，发现问题及时整改。要开展社会矛盾清理工作，明确主要领导责任，解决难题化解矛盾，做到矛盾不出基层，难题限期解决，严厉信访责任。要增强基础设施建设抗灾能力，科学选址，增加强度，增强前瞻性。要增加救灾物资储备，增加避难场所建设。要重视民间社会力量，发挥非盈利机构、团体作用，重视志愿者选拔、培训、鼓励工作。

知识链接

《中华人民共和国突发事件应对法》第十一条：

有关人民政府及其部门采取的应对突发事件的措施，应当与突发事件可能造成的社会危害的性质、程度和范围相适应；有多种措施可供选择的，应当选择有利于最大程度地保护公民、法人和其他组织权益的措施。

公民、法人和其他组织有义务参与突发事件应对工作。

21. 应对突发事件时，如何进行应急疏散？

对某些类型的突发事件而言，就地避难是更胜一筹的选择。人们可以紧闭窗门、关闭空调系统，通过广播电视接收信息，关注突发事件的事态发展，但是有一些重大突发事件需要进行应急疏散。在疏散的过程中必须要考虑疏散路线及应急避难场所是否安全，避免社会公众受到二次伤害。为了避免在处置突发事件的过程中发生次生灾害，必须在应急预案的制定过程中就考虑各类突发事件可能引发的次生灾害事故。

一般而言，应急疏散可以分为即时疏散和预警疏散。前者主要是指突发事件偶发性非常之强，情势特别紧急，有关部门来不及发出警报，受影响地区的公众没有时间进行准备，必须马上进行疏散。例如，地震或有害气体泄漏发生后，社会公众必须进行即时疏散。后者主要是指突发事件具有一定的先兆,有关部门已经发出预警信息,社会公众据此进行疏散。例如,在洪水发生后,社会公众根据预警信息进行疏散。

一般来说,应急疏散包括以下五个阶段:决定进行疏散;发出警报;撤离;进入避难场所;返回住所。

有效的应急疏散必须具备以下条件:明确决定疏散的法定权威机构;确定应急疏散的管理体系;明确有关各方的角色与责任;制定有效、灵活的疏散预案;具备有效的警报与信息系统;确保公众具备转移能力;获得、维系灾区的信任与合作;始终及时提供物质保障;对疏散预案进行演练。

知识链接

应急疏散是减少人员伤亡的关键,也是彻底的应急响应。相关部门应当对疏散的紧急情况和决策、预防性疏散准备、疏散的区域、疏散的距离、疏散的路线、疏散的运输工具、安全集合点作出详细的规定和准备,还应考虑疏散的人数以及风向、风速等各种变化。另外,对临时疏散的人群,要做好临时的生活安置,保障其必要的生活条件。

22. 应对突发事件所需的应急物资如何保障?

在日常工作中,应对突发事件时所需的应急物资采取保障措施,具体应做到以下方面:

一是做到组织保障有力。社区领导遵循"统筹管理、科学分布、合理储备、统一调配、实时信息"的原则,加强应急物资供应的组织、计划、协调与控制工作,应急物资使用时由社区综合办公室根据应急情况发拨。

二是做到职责明确。社区分管应急工作领导负责组织制订各类应急物资的储备定额并下达应急物资需求计划;综合办公室负责应急物资配送、库存管理、维护等具体实施。

三是做到日常管理有序。管理储备库房人员必须熟悉应急物资储备地点、类型、数量等相关情况,定期对应急物资进行盘点,确保库存物资入库、领取数量一致,及时更新应急物资储备信息,做到随时能够调用、调到现场保证能够可用。

四是做到应急方式多样。除了采用社区内实物储备和动态周转两种主要方式外,还应积极加强与协议供应商的联系,保证通道畅通;另外,积极与上级应急部门、相邻社区协调联系,达成共享应急物资实物储备信息,确保在应急物资不能保证情况下,双方可以相互支援应急物资。

知识链接

应急物资具体可划分为以下几类:

一是基本生活保障物资,主要指粮食、食油和水、手电等。

二是工程材料与机械加工设备,主要指处理危机过程中专业人员所使用的专业性物资,工作物资一般对某一专业队伍具有通用性。

三是应急装备及配套物资,主要指针对少数特殊事故处置所需特定的物资,这类物资储量少,针对性强,如一些特殊药品。

23. 应急避难场所该如何选择?

为了应对突发事件的需要,应当合理地为人民群众选择应急避难场所。应急避难场所应具有以下三个特点:

第一，安全。应急避难场所应该设在远离危险源的地方，可避免居民遭受二次伤害。

第二，方便。应急避难场所应做到设施齐全，方便社会公众生活。应急避难场所内应设应急指挥、应急供电、应急供水、应急篷宿、应急医疗、应急仓库、应急厕所等完备的设施，可以满足全区各类突发事件应急避难、紧急疏散的需求。

第三，就近。应急避难场所的建设要考虑周围社会公众的数量，方便其避难，一般以步行 5 ~ 10 分钟到达为宜。

知识链接

《中华人民共和国突发事件应对法》第十九条：

城乡规划应当符合预防、处置突发事件的需要，统筹安排应对突发事件所必需的设备和基础设施建设，合理确定应急避难场所。

24. 应急通讯有哪些要求？

在不同的突发事件下，对应急通信有着不同的要求。

（1）当发生水旱、地震、森林草原火灾等自然灾害时，通信网络可能出现两种情况：

自然灾害引发通信网络本身出现故障造成通信中断，网络灾后重建，通信网络通过应急手段保障重要通信和指挥通信。应急通信的目标即是利用各种管理和技术手段尽快恢复通信，保证用户正常使用通信业务，实现如下目标：应急指挥中心或联动平台与现场之间的通信畅通；及时向用户发布、调整或解除预警信息；保证国家应急平台之间的互联互通和数据交互;疏通灾害地区通信网络,防止网络拥塞,保证用户正常使用。

(2)当发生交通运输事故、环境污染等事故灾难或者传染病疫情、食品安全等公共卫生事件时,通信网络首先要通过应急手段保障重要通信和指挥通信。另外,由于环境污染、生态破坏等事件的传染性,还需要对现场进行监测,及时向指挥中心通报监测结果。

(3)当发生恐怖袭击、经济安全等社会安全事件时,一方面要利用应急手段保证重要通信和指挥通信;另一方面,要防止恐怖分子或其他非法分子利用通信网络进行恐怖活动或其他危害社会安全的活动,即通过通信网络跟踪和定位破坏分子、抑制部分或全部通信,防止利用通信网络进行破坏。

《中华人民共和国突发事件应对法》第三十三条:

国家建立健全应急通信保障体系,完善公用通信网,建立有线与无线相结合、基础电信网络与机动通信系统相配套的应急通信系统,确保突发事件应对工作的通信畅通。

25. 社区开展公共安全教育的意义有哪些?

居民能否采取及时、有效的避险逃生行动,能否做到临危不惧、临危不乱,这在很大程度上取决于他们对于风险的认知程度,取决于他们是否具有足够的自救、互救的知识和技能。因此,开展公共安全教育对于突发事件的预防来说是不可缺少的。

在社区内开展公共安全教育的意义如下：

（1）增强忧患意识。开展公共安全教育可以向居民传授有关突发事件的知识，增强防范突发事件的意识。一个人如果缺少与应急相关的知识，就会“盲人骑瞎马，夜半临深池”，处于险境而不自知。

（2）提升风险认知能力。在我国农村，村干部在动员居民避险疏散时常常遇到阻力。这也从一个侧面说明了公共安全教育的重要性。如果我们平时注重对公众的公共安全教育，突发事件来临时我们的应急管理工作就能得到居民们的理解和支持。

（3）提高自救与互救技能。开展公共安全教育，即对各类安全突发事件进行总结提炼，并将相关的逃生方法或技能重点列出。如有条件，可在现场演绎模仿，以增强社区居民对相关安全知识的理解，学会相关的自救、互救技巧。

（4）增强居民的判断力。突发事件发生期间，各种流言蜚语很容易滋生。俗话说，谣言止于智者。所谓的智者，是指接受过良好公共安全教育、具有一定判别是非能力的居民。如果居民缺少公共安全教育，他们就很容易被谣言或流言蛊惑，甚至采取非理性的过激行为。

（5）培养居民良好的心理素质。突发事件发生后，人最需要镇定、信心和勇气。而镇定、信心和勇气不是与生俱来的，是与公共安全教育分不开的。只有接受了适当的公共安全教育，居民才能做好应对突发事件的心理准备，关键时刻才能急中生智，而不是人急无智、恐慌不堪。

（6）提高居民的应急响应效率。在紧急状态下，人们几乎没有时间进行理性的思考，很容易做出错误的决定，公共安全教育能使人迅速作出正确的应急逃生行为。

知识链接

《中华人民共和国突发事件应对法》第二十九条：

县级人民政府及其有关部门、乡级人民政府、街道办事处应当组织开展应急知识的宣传普及活动和必要的应急演练。

居民委员会、村民委员会、企业事业单位应当根据所在地人民政府的要求，结合各自的实际情况，开展有关突发事件应急知识的宣传普及活动和必要的应急演练。

新闻媒体应当无偿开展突发事件预防与应急、自救与互救知识的公益宣传。

26. 突发事件监测制度的内容有哪些？

监测制度的具体内容包括：根据自然灾害、事故灾难和公共卫生事件的种类和特点，建立健全基础信息数据库，完善监测网络，划分监测区域，确定监测点，明确监测项目，提供必要的设备、设施，配备专职或者兼职人员，对可能发生的突发事件进行监测。

《中华人民共和国突发事件应对法》第三十七条第二款：

县级以上地方各级人民政府应当建立或者确定本地区统一的突发事件信息系统，汇集、储存、分析、传输有关突发事件的信息，并与上级人民政府及其有关部门、下级人民政府及其有关部门、专业机构和监测网点的突发事件信息系统实现互联互通，加强跨部门、跨地区的信息交流与情报合作。

27. 宣布进入预警期后，可以采取的措施有哪些？

宣布进入预警期后，可采取以下紧急处置措施：

（1）当听到发出的警报后，要按照一定的路线将居民群众安全地疏散到应急避难场所。

（2）在灾害事故发生之前，将救灾装备、医疗设施、药品、食品、衣服等运输到应急现场。

（3）采取补充性减缓或准备措施。例如，在洪峰来临之前加固堤坝。

采取紧急处置措施的目的有三个：保护公众；减小原生灾害事故的损失；最大限度地减小二次灾害事故的损失。这些不仅解决迫在眉睫的问题，如开展急救、搜索与救援、提供应急避难场所，而且还包括为解决这些问题而进行的协调与支持行动。此外，关键基础设施的快速恢复也属于应急响应的范畴，如打通交通干线、恢复供电与通信等。

知识链接

《中华人民共和国突发事件应对法》第四十四条：

发布三级、四级警报，宣布进入预警期后，县级以上地方各级人民政府应当根据即将发生的突发事件的特点和可能造成的危害，采取下列措施：

（一）启动应急预案；

（二）责令有关部门、专业机构、监测网点和负有特定职责的人员及时收集、报告有关信息，向社会公布反映突发事件信息的渠道，加强对突发事件发生、发展情况的监测、预报和预警工作；

（三）组织有关部门和机构、专业技术人员、有关专家学者，随时对突发事件信息进行分析评估，预测发生突发事件可能性的大小、影响范围和强度以及可能发生的突发事件的级别；

（四）定时向社会发布与公众有关的突发事件预测信息和分析评估结果，并对相关信息的报道工作进行管理；

（五）及时按照有关规定向社会发布可能受到突发事件危害的警告，宣传避免、减轻危害的常识，公布咨询电话。

《中华人民共和国突发事件应对法》第四十五条：

发布一级、二级警报，宣布进入预警期后，县级以上地方各级人民政府除采取本法第四十四条规定的措施外，还应当针对即将发生的突发事件的特点和可能造成的危害，采取下列一项或者多项措施：

（一）责令应急救援队伍、负有特定职责的人员进入待命状态，并动员后备人员做好参加应急救援和处置工作的准备；

（二）调集应急救援所需物资、设备、工具，准备应急设施和避难场所，并确保其处于良好状态、随时可以投入正常使用；

（三）加强对重点单位、重要部位和重要基础设施的安全保卫，维护社会治安秩序；

（四）采取必要措施，确保交通、通信、供水、排水、供电、供气、供热等公共设施的安全和正常运行；

（五）及时向社会发布有关采取特定措施避免或者减轻危害的建议、劝告；

（六）转移、疏散或者撤离易受突发事件危害的人员并予以妥善安置，转移重要财产；

（七）关闭或者限制使用易受突发事件危害的场所，控制或者限制容易导致危害扩大的公共场所的活动；

（八）法律、法规、规章规定的其他必要的防范性、保护性措施。

28. 突发事件监测、预警的步骤有哪些？

监测，就是在突发事件发生前预先进行监测。具体而言，它包括以下三个步骤：

一是危险源排查。从突发事件演进的过程来看，危险源排查是应急管理中最为基础的一个环节。危险源排查就是对可能引发风险的致灾因子进行辨识。

二是危险源监测。危险源监测，就是指在突发事件发生前对各种可能引发突发事件的重点危险源及其表象进行实时、持续、动态的监视和测量，收集相关的数据和信息。

三是风险评估。风险评估即根据对危险源检测的结果，结合脆弱性分析，确定风险的大小，并判别突发事件发生的可能性。

预警，就是指“预先警告”。在应急管理中，预警主要是指致灾因子还未转变为突发事件之前，将有关风险的信息及时告知潜在的受影响者，使其采取必要的行动，做好相应的准备。

知识链接

监测、预警的要点如下：

第一，致灾因子的排查和监测，要具备良好的技术基础。现代科学技术，特别是信息技术的快速发展为有效地开展致灾因子监测奠定了坚实的基础。技术和设备能对致灾因子进行不间断地跟踪，并将精确数据和信息传输给风险管理者。

第二，风险评估，要具备良好的风险分析能力。风险管理者要根据技术设备提供的致灾因子信息，结合社会系统的脆弱性分析，评估风险等级。

第三,警报传播,要清晰、简洁、有效。如果正确的风险评估不能够及时传递给目标受众,则监测、预警的意义为零。

第四,激发响应行动,要能够促使社会公众迅速地采取适当的响应行动以规避风险。如果受众接收到警报,但是不理解警报的内容、不知晓警情的严重性、不采取所期望的响应行动,则监测、预警的目的也不能达到。

29. 如何做到突发事件的早发现、早报告、早预警?

为提高社区保障公共安全和处置突发事件的能力,最大程度地预防和减少突发事件及其造成的损害,保障公众的生命财产安全,维护国家安全和社会稳定,促进经济社会全面、协调、可持续发展,需建立统一、快速、灵敏、高效的突发事件应急机制,有效防范和及时处置突发事件,使应急工作机制融入日常工作之中,建立健全社区突发事件应急管理的体制与组织体系,做到突发事件的早发现、早报告、早预警。

(1)加强组织保障

①应急领导小组:成立社区突发事件应急工作领导小组,作为社区的协调指挥机构。

②应急值班室:社区是突发事件应急管理的办事机构,设应急办公室,并向群众公布应急电话和移动电话号码。应急值班室安排专人值班,确保通讯联络的畅通。

③信息接报员:每个社区确定2~3人为应急信息接报员,负责接收群众上报的突发事件和向上级及时报送信息。信息接报员联系电话对

外公布，并保证通讯畅通。

④应急自救分队：以民兵联防队、志愿者队伍为基础，分设义务消防、红十字救护、义务医疗等小分队，指定具体负责人，明确各小分队紧急救援任务、职责，并公布联系电话。

（2）加强应急宣传

①社区通过广播、宣传栏、致居民的一封信等形式，广泛宣传有关突发事件应急的法律法规和预防、避险、自救、互救、减灾等常识，增强居民的忧患意识、社会责任意识和自救、互救能力。

②将社区应急值班室、信息接报员和应急自救小分队的主要人员、联系电话等相关信息制作成宣传标识悬挂、张贴在社区醒目位置，或制作成便民卡片发至每家每户，便于居民在发生突发事件时能及时上报信息。

（3）完善预测预警机制

①社区要针对各种可能发生的突发事件，完善预测预警机制。社区突发事件应急领导小组负责突发事件的预测预警工作，定期组织相关人员查找安全隐患，开展风险分析和评估，做到及时发现、及时处理。

②根据预测分析结果，对可能发生和可以预警的突发事件进行预警。可以预警的自然灾害、事故灾难和公共卫生事件的预警级别，按照突发事件发生的紧急程度、发展势态和可能造成的危害程度分为一级、二级、三级和四级，分别用红色、橙色、黄色和蓝色标示，一级为最高级别。

③预警信息包括突发事件的类别、预警级别、起始时间、可能影响范围、警示事项、应采取的措施等。预警信息的发布、调整和解除可通过广播、社区网站、警报器、宣传车或居民小组长逐户通知等方式进行，对老、幼、病、残、孕等特殊人群，学校、医院等特殊场所和警报盲区应当采取有针对性的公告方式。

应当建立健全有关突发事件的监测制度和监测网络，对可能发生的突发事件进行监测，同时采取多种方式收集、及时分析处理并报告有关信息。获悉突发事件信息的公民和单位有义务向政府及其有关部门报告。另外，社区领导应进行一系列应急宣传活动，在提高居民避险能力的同时，还应呼吁居民一旦发现突发事件应立即向有关部门报告或拨打“110”报警。

第三章　突发事件应急处置与救援恢复

30. 突发事件应急处置的原则有哪些？

现代社会突发事件的不可预测性增强，使有效预警成为不可企及的奢望。不可预警的突发事件发生后，其演进的过程是千变万化的。应急管理者需要根据突发事件的发展变化来调整处置措施。但是，应急管理者在发挥创造力、进行临机决断的同时，也必须遵循相关的处置原则。具体而言，就是要做到以下几点：

第一，以人为本，群防群控。把保障人民群众的生命财产安全和身体健康作为应急工作的首要任务，最大限度地减少突发事件及其造成的人员伤亡和危害。建立健全群防群控机制，鼓励公民报告突发事件及其隐患，举报不履行或者不按规定履行处置职责的部门、单位和个人。

第二，预防为主，平战结合。坚持预防与应急相结合，提前做好应对突发事件的思想准备、预案准备、机制准备等工作。应急状态下实行特事特办、急事先办。

第三，统一领导，分级负责。在县委、县政府的统一领导下，建立健全“分类管理、分级负责，条块结合、属地管理为主”的应急管理体制。实行行政领导责任制，各级政府主要领导是本行政区突发事件处置工作的第一责任人。

第四，依法规范，加强管理。严格依法制订、修订应急预案，依法处置突发事件，切实维护公众的合法权益，使应对突发事件的工作规范化、制度化、法制化。

第五，快速反应，协同应对。建立联动协调制度，整合各方面的资源，形成统一指挥、反应灵敏、功能齐全、协调有序、运转高效的应急管理机制。同时加强应急中心建设，整合公安 110、交通 122、消防 119、急救 120 等主要应急资源，建立统一接报、分级分类处置的应急平台。

第六，依靠科技，提高素质。充分发挥专家、学者在应急管理中的参谋作用，采用先进的预测、预警和应急处置技术及设施，提高应对突发事件的科技水平和指挥能力，提高公众自救、互救和应对各类突发事件的综合处置能力。

知识链接

110 指挥中心系统是应急指挥的中枢，是网络中心、信息中心、信息发布中心、通信中心、调度中心、监控中心的功能汇集。这个系统充分集成已经建成的应急指挥应用系统、视频监控系统、有无线通信系统、主机系统、公安 GPS 及 GIS 系统、政府视频会议等，实现中心与 119、120、区呼叫中心及政府其他职能部门在语言、图像、数据等方面的互联互通，使应急指挥的决策指挥层面有一个先进的媒体工作平台，对发生在辖区范围内的突发事件能够“看得见、听得清、呼得出、信息准、反应快”，确保第一时间内及时有效处置。

城市应急联动系统是实现政府协调指挥各相关部门，处理城市特殊、突发、紧急事件和向公众提供社会紧急救助服务的联合行动系统。它为城市构建了一张全面的应急预警和处理“安全网”，完善了各级政府对突发事件的应急联动和快速反应机制，实现了跨地区、跨部门、跨警区以及不同警种之间的统一指挥协调、快速反应、统一应急、联合行动，真正实现了社会服务的联动，有效应对了突发事件，切实保障了人民群众的生命与财产安全。

31. 突发事件应急处置的流程有哪些?

为了科学、高效地处置突发事件,必须要为突发事件处置确立一个工作流程。突发事件的应急处置流程包括以下重要环节:

(1)接警与初步研判。接警值班人员在接到事发地有关部门或社会公众的报警后,应详细询问、记录有关突发事件的情况,其中包括事件发生的时间、地点、性质、规模及人员伤亡或财产损失情况。之后,接警人员应视突发事件的严重程度,向相关领导及时报告。相关领导在接到报告后,应尽快组织工作人员对突发事件的级别和管辖范围进行初步的研判。突发事件超出自身管辖范围时,应迅速向上级机关报告。

突发事件处于不断的演变之中,并且社会安全事件的演进还不遵从线性发展的规律,因此,突发事件初始阶段的研判往往并不准确。它需要领导干部具有把握全局、审时度势、高瞻远瞩的素质和决断力。在突发事件损失情况不明的境况下,对级别的判断应本着“就高不就低”“宁可信其有,不可信其无”的原则。同时,对于敏感时间、敏感地点发生的突发事件或性质本身就非常敏感的事件,应急管理部门应给予特别的重视,分级要从高。

(2)先期处置。不论是哪一级的突发事件,事发地人民政府在迅速上报的同时,应派人迅速赶往突发事件现场,核实、观察突发事件的情况和发展态势,并就近组织应急资源进行先期处置,防止突发事件扩大升级。与此同时,现场工作人员边处置、边汇报,不断将突发事件的最新信息传递给应急管理部门。

在先期处置的过程中,应急管理人员应该先避险、再抢险,组织事发现场周围的社会公众进行有效的应急疏散。在确保突发事件不会对周围社会公众造成新的损害后,现场应急管理人员再开展抢险救援。在遇险群众危在旦夕的情况下,应急管理人员也可同时进行周边公众疏散和抢先救援,但前提是确保周边公众不会受到伤害。如果突发事件性质比较特殊,例如发生核辐射事故,则需要专业救援人员进行专业处置。现场应急管理人员应着力做好周边公众的转移,维护现场秩序,进行力所能及的处置,等待专业救援队伍的到来,切不可冲动蛮干。当专业应急救援队伍到来后,现场应急管理人员应做好道路引领、秩序维护和后勤保障等工作。

(3)启动应急预案。当突发事件的级别被确定后,按照分级响应的原则,拥有相应管辖权的人民政府应启动应急预案,调集应急救援队伍、应急救援物资,派出应急协调人员和专家赶赴突发事件现场,并成立突发事件的现场指挥部。交通部门应全力保障救援队伍和救援物资尽快到达事发现场。在突发事件继续扩大升级的情况下,所启动预案的级别要相应地作出调整。

(4)现场指挥与协调。现场指挥部应由有关部门、当地领导、专家学者联合组成,履行对突发事件处置进行协调的职能。指挥部选址应遵循安全、就近的原则。现场指挥部应根据突发事件的现状和趋势,科学、合理、果断地确定应急救援方案。现场指挥部一经确定,就必须被赋予现场救援的完全管辖权。各级领导可对现场指挥提出建议。应急管理的实践要求必须是“谁拍板,谁负责”。对于性质特殊的突发事件,专家应发挥辅助决策的作用,向现场指挥部提出自己的建议。

(5)抢险救援。在应急救援的过程中,各相关部门应各司其职、密切协作,有关队伍服从指挥、相互配合。公安部门应封锁现场,设立警戒区域,进行交通管制,维护现场秩序,确保道路交通的畅通,并防止刑事犯罪的发生;医疗卫生部门应派出医护人员赶赴现场,救治、转运伤员;环保部门应对事故现场进行环境监测；专业救援队伍应携带专业救援装备赶赴现场救援。必要时，中国人民解放军、武警部队和民兵预备役也可投入应急救援之中。需要强调的是，抢险救援必须对现场的危险源进行监测，保护受困人员和救援人员的安全，防止次生、衍生灾害事故的发生。

在应急救援的过程中，抢险救援人员应遵循“先救人、后救物”的原则。其原因如下：首先，人的生命是不可复制的，而物质财富是可以再创造的；其次，被抢救出来的人可能会成为应急救援的补充力量。当然，如果可以判别，救援人员应先救医务工作者和青壮年。他们的加入将为应急救援增添有生力量。

（6）扩大应急。在进行突发事件处置时，如果事态恶化、难以遏制，突发事件现场指挥部应启动扩大应急机制，及时向上级人民政府请求支援，加大应急救援队伍、物资、装备、资金等方面的投入力度，防止突发事件进一步恶化。

（7）信息沟通。突发事件现场指挥部应将突发事件的发展情况和处置信息及时上报给有关政府领导。同时，还应建立新闻发言人制度，将处置的最新信息发布给社会公众，以避免谣言和流言，做好社会舆论的引导工作。

（8）临时恢复。应急救援活动结束后，环保部门要对受突发事件影响的地区进行监测，卫生防疫部门要对疫病的流行进行监控，防止次生、衍生灾害事故的发生。同时，有关部门要清理现场和废墟，进行人员清点和撤离，解除警戒，开展善后处理和事故调查等。

（9）应急救援行动结束。现场指挥部撤销，应急预案停止，应急救援行动结束。当突发事件的威胁和危害得到控制或消除后，履行统一领导职责及组织处置工作的应急管理部门，应当即刻停止应急处置措施。

(10)调查评估。对突发事件的起因、性质、影响、责任等问题进行调查评估,并依法追究相关责任人的责任。

社区领导小组应在发生突发事件后根据以上十个环节展开应急相应行动,务求能够及时配合应急管理部门开展应急处置工作。

知识链接

完善突发事件的应急处理流程,可以有效避免事件发生现场的慌乱无序,最大限度地减少人员伤亡和财产损失,有利于及时妥善处理突发事件,提高社区保障公共安全和处理突发事件的能力,有效预防和妥善处置突发公共事件,保障公众生命财产安全,维护公共利益和社会秩序,保持社会政治稳定,实现辖区经济社会又快又好发展,营造和谐氛围。

32. 突发事件发生后,可采取哪些应急处置措施?

(1)自然灾害、事故灾难等突发事件的应急处置措施

①救助性措施。在突发事件已经发生或即将发生时,必须有效地组织人员对伤者进行救治,组织受到或可能受到突发事件影响的社会公众进行安全疏散,并予以妥善的安置。因此,在突发事件的处置过程中要先避险、后抢险,先救人、后救物。

②控制性措施。突发事件发生后,应当对危险源、危险区域和所划定的警戒区逐层实施有效的静态控制,同时进行交通管制以实施有效的动态控制。这样,应急处置活动就会有一个比较有利的外部环境,突发事件的扩散和升级就能得到有效的遏止,应急救援队伍、装备和物资也能够顺利地到达事发现场。

③保障措施。突发事件发生后，应当及时修复被灾害损毁的公共设施，如公路、机场、码头、铁路等。现代社会的正常运转高度依赖于基础设施。为了恢复社会生产、生活的正常秩序，在应急处置过程中对基础设施应该格外加以重视。不仅如此，基础设施的修复还可以稳定社会公众情绪，并有力保障应急救援队伍、装备和物资的运输。此外，在处置的过程中，还要确保食品、饮用水、燃料等基本生活必需品的供应，使社会公众有水喝、有饭吃、有地方住、患病可及时得到医治，实现大灾之后无大疫。这些都是灾时民生保障的基本措施，可防止受灾地区的社会矛盾激化。

④预防性措施。在突发事件处置的过程中，不仅要着力减轻已经造成的损害结果，还要对有关的设备、设施以及活动场所潜在的风险进行排查，并采取有效的预防性措施，防止社会公众蒙受新的损失。人员的密集活动和某些生产生活活动可能会加剧突发事件的影响或成为突发事件新的诱因，比如传染性疾病的扩散。为此，在必要的情况下，可取消、中止人员密集活动或停止某些生产活动。此外，还要注意防止各种次生、衍生事件的发生，比如自然灾害引发的群体性突发事件。

⑤动员性措施。突发事件的处置不能缺少强有力的资金、物资和人力保障。必要时，可紧急报告政府请其批准开展社会动员，紧急征用企业、社会所储备的物资、设备、设施、工具。应急活动结束后，可报告政府申请给予被征用单位适当的补偿。这样，紧急征用活动才具有可持续性。此外，社会公众有义务参与突发事件的处置工作。特别是有特定技术专长的社会公众，更应在突发事件处置的过程中发挥自己的独特作用。

⑥稳定性措施。突发事件发生后，商品供应可能出现短暂性的奇缺。一些人可能会囤积居奇、哄抬物价、制假售假，扰乱市场秩序。还有一些不法分子趁火打劫，利用突发事件造成的混乱局面进行违法犯罪活

动。这些都会造成不必要的社会混乱，干扰应急处置工作的开展。因此，在发现这些情况后，应及时报告给国家执法机关，并协助国家执法机关采取有效的稳定性措施，严厉打击违法犯罪活动，为突发事件的应急处置创造一个良好的外部环境。

(2)社会安全事件的应急处置措施

①强制隔离措施。当社会安全事件发生时，应协助公安机关根据事件的性质和危害程度，依法采取果断行动，进行强制干预，将冲突双方隔离，有效地控制现场事态，维持正常的社会秩序。

②保护控制措施。社会安全事件发生后，特定区域内的建筑物、交通工具、设备、设施等可能会成为破坏对象，需要进行重点保护。燃料、燃气、电力、水等资源的供应关系着千家万户，应协助公安部门，对其采取必要的控制性措施，避免社会安全事件影响的扩散。

③封锁限制措施。社会安全事件发生后，要及时联系公安部门到场实施现场管制，对出入封锁区域人员的证件、车辆、物品进行检查，限制有关公共场所内的活动。这有助于及时维持处置现场秩序，抓获犯罪嫌疑人，避免新的社会安全事件的发生。

④重点保卫措施。国家机关、军事机关、国家通讯社、广播电台、电视台、外国驻华使领馆是易受社会安全事件冲击的关键部门。生活中，这些部门经常是群体性突发事件中公众表达利益诉求、发泄不满情绪的对象，而且它们还因具有较高的象征性价值，是敏感地点，容易成为恐怖袭击等暴力活动的对象。为此，在处置社会安全事件的过程中，要重点加强对以上机关的保卫工作。

⑤其他合法措施。当发生突发事件，可报告协助主管部门采取保障、控制等必要的应急措施，保障人民群众的基本生活需要，最大限度地减轻突发事件的影响。

知识链接

《中华人民共和国突发事件应对法》第四十九条：

自然灾害、事故灾难或者公共卫生事件发生后，履行统一领导职责的人民政府可以采取下列一项或者多项应急处置措施：

（一）组织营救和救治受害人员，疏散、撤离并妥善安置受到威胁的人员以及采取其他救助措施；

（二）迅速控制危险源，标明危险区域，封锁危险场所，划定警戒区，实行交通管制以及其他控制措施；

（三）立即抢修被损坏的交通、通信、供水、排水、供电、供气、供热等公共设施，向受到危害的人员提供避难场所和生活必需品，实施医疗救护和卫生防疫以及其他保障措施；

（四）禁止或者限制使用有关设备、设施，关闭或者限制使用有关场所，中止人员密集的活动或者可能导致危害扩大的生产经营活动以及采取其他保护措施；

（五）启用本级人民政府设置的财政预备费和储备的应急救援物资，必要时调用其他急需物资、设备、设施、工具；

（六）组织公民参加应急救援和处置工作，要求具有特定专长的人员提供服务；

（七）保障食品、饮用水、燃料等基本生活必需品的供应；

（八）依法从严惩处囤积居奇、哄抬物价、制假售假等扰乱市场秩序的行为，稳定市场价格，维护市场秩序；

（九）依法从严惩处哄抢财物、干扰破坏应急处置工作等扰乱社会秩序的行为，维护社会治安；

（十）采取防止发生次生、衍生事件的必要措施。

《中华人民共和国突发事件应对法》第五十条：

社会安全事件发生后，组织处置工作的人民政府应当立即组织有关部门并由公安机关针对事件的性质和特点，依照有关法律、行政法规和国家其他有关规定，采取下列一项或者多项应急处置措施：

（一）强制隔离使用器械相互对抗或者以暴力行为参与冲突的当事人，妥善解决现场纠纷和争端，控制事态发展；

（二）对特定区域内的建筑物、交通工具、设备、设施以及燃料、燃气、电力、水的供应进行控制；

（三）封锁有关场所、道路，查验现场人员的身份证件，限制有关公共场所内的活动；

（四）加强对易受冲击的核心机关和单位的警卫，在国家机关、军事机关、国家通讯社、广播电台、电视台、外国驻华使领馆等单位附近设置临时警戒线；

（五）法律、行政法规和国务院规定的其他必要措施。

严重危害社会治安秩序的事件发生时，公安机关应当立即依法出动警力，根据现场情况依法采取相应的强制性措施，尽快使社会秩序恢复正常。

33. 突发事件发生后，怎样开展应急救援工作？

突发事件发生后，可以采取以下措施开展应急救援工作：

第一，突发事件发生后，应当针对其性质、特点和危害程度，立即报告有关部门，请其调动应急救援队伍和社会力量，依照《中华人民共和国突发事件应对法》的规定和其他相关规定采取应急处置措施。

第二，自然灾害、事故灾难或者公共卫生事件发生后，除预警期内已采取的措施外，还可以有针对性地采取人员救助、事态控制、公共设施和公众基本生活保障等方面的措施。

第三，社会安全事件发生后，应当立即组织有关部门报告公安机关，由公安机关针对事件的性质和特点，依照有关法律、行政法规和其他有关规定，采取强制隔离使用器械相互对抗或者以暴力行为参与冲突的当事人，妥善解决现场纠纷和争端，控制事态发展；封锁有关场所和道路，控制有关区域和设施，加强对核心机关和单位的警卫等应急措施；发生严重危害社会治安秩序的事件时，应立即请公安机关依法出动警力，根据现场情况依法采取相应的强制性措施，尽快使社会秩序恢复正常。

第四，发生严重影响国民经济正常运行的事件后，应立即上报有关主管部门，采取调整税目税率、实行税收开征、停征等调控措施，对金融机构和证券、期货登记结算机构提供流动性资金支持、启动支付系统的灾难备份系统等保障措施，限额提取现金、暂停部分或者全部银行业务、保险业务、证券交易和兑付、期货交易等限制措施，采取限制货币汇兑、资金跨境收付和转移等外汇管制措施。

知识链接

《中华人民共和国突发事件应对法》第五十二条：

履行统一领导职责或者组织处置突发事件的人民政府，必要时可以向单位和个人征用应急救援所需设备、设施、场地、交通工具和其他物资，请求其他地方人民政府提供人力、物力、财力或者技术支援，要求生产、供应生活必需品和应急救援物资的企业组织生产、保证供给，要求提供医疗、交通等公共服务的组织提供相应的服务。

履行统一领导职责或者组织处置突发事件的人民政府，应当组织协调运输经营单位，优先运送处置突发事件所需物资、设备、工具、应急救援人员和受到突发事件危害的人员。

34. 处置突发事件时，如何保护应急救援队员的人身安全？

突发事件处置是一项高风险工作。在实际工作中，应急救援队员因公殉职的现象屡有发生，因此应急管理者必须注意保护应急救援队员。

保护应急救援队员，首先需要增强“以人为本”的意识，既要鼓励应急救援队员发扬赴汤蹈火的英雄主义精神，也要大力提倡珍惜生命、科学救援。在实际处置工作中，应急管理者应注意救援队员的轮换和劳逸结合，防止个别队员过分透支体力，并根据队员的个人特点分配不同的救援任务。

平时多流汗，战时少流血。应在平时的训练中对应急救援队员严格要求，增强其自我防护的意识和技能，同时也应该为应急救援队员配备必要的防护用品。

保护应急救援队员，也包括对应急救援队员及时进行必要的心理干预。在突发事件处置的过程中，由于长时间目睹惨烈的灾害事故场景，其心理可能会受到一定的影响。可聘请相关的心理专家对应急救援队员进行心理辅导，帮助其尽快走出心理阴影，适当地释放心理压力，以乐观积极的态度投入新的生活。

知识链接

《中华人民共和国突发事件应对法》第二十七条：

国务院有关部门、县级以上地方各级人民政府及其有关部门、有关单位应当为专业应急救援人员购买人身意外伤害保险，配备必要的防护装备和器材，减少应急救援人员的人身风险。

35. 突发事件发生后，如何处理扰乱市场秩序的行为？

突发事件发生后，会有不法分子利欲熏心，囤积居奇、哄抬价格的行为。社区工作人员发现扰乱市场秩序的行为应当采取如下措施：

一是要及时精准打击。严格依照相关法律法规和有关部门的规定，准确认定囤积居奇、哄抬物价等扰乱市场秩序行为，并上报有关部门予以及时打击，发现一起，查处一起。

二是要依法从重从快处理。对突发事件发生后的扰乱市场秩序行为，要充分考虑其特殊危害性，及时上报人民政府以及相关部门依法从重惩处。

三是要加强宣传引导。对于相关的法律、政策以及依法查处的典型案件，要加强宣传教育，引导社会各方面特别是生产、经营单位和个人深刻认识囤积居奇、哄抬价格这类行为的违法性、危害性和相应法律责任。

例如，在疫情防控期间，违反国家有关市场经营、价格管理等规定，囤积居奇，哄抬疫情防控急需的口罩、护目镜、防护服、消毒液等防护用品、药品或者其他涉及民生的物品价格，以此牟取暴利，其违法所得数额较大或者有其他严重情节，严重扰乱市场秩序的，可依照《中华人民共和国刑法》第二百二十五条的规定，以非法经营罪定罪，并予以从重处罚。

知识链接

根据《中华人民共和国突发事件应对法》有关规定，疫情发生后，人民政府可以采取应急处置措施，依法从严惩处囤积居奇、哄抬物价、制假售假等扰乱市场秩序的行为，稳定市场价格，维护市场秩序。

36. 突发事件发生后，如何处理扰乱社会秩序的行为？

在突发事件发生期间散布谣言的，应承担行政处罚的责任，构成犯罪的，应承担刑事处罚的责任。或者明知是有关突发事件事态发展或者应急处置工作的虚假信息却依然进行传播的，责令改正，给予警告；造成严重后果的，依法暂停其业务活动或者吊销其执业许可证；负有直接责任的人员是国家工作人员的，还应当对其依法给予处分；构成违反治安管理行为的，由公安机关依法给予处罚。

知识链接

《突发公共卫生事件应急条例》第五十二条：

在突发事件发生期间，散布谣言、哄抬物价、欺骗消费者，扰乱社会秩序、市场秩序的，由公安机关或者工商行政管理部门依法给予行政处罚；构成犯罪的，依法追究刑事责任。

37. 突发事件信息报告的要素及范围有哪些？

突发事件信息报告要坚持实事求是的原则，内容要简明、客观、准确，其报告内容应包括以下要素：时间、地点、信息来源、事件起因和性质、基本过程、已造成的后果、影响范围、事件发展趋势、处置情况、拟采取措施以及下一步工作建议，事发地现场处置负责人及联系方式等。对事件处置的最新进展、可能衍生的新情况，要及时续报。对突发事件处置结束后，要进行终报。

报告范围包括：一是较大以上或可能演化为较大以上的自然灾害、事故灾难、公共卫生事件、社会安全事件四类突发事件信息；二是发生在敏感时间、敏感地区、敏感人群或事件本身比较敏感的突发事件信息（此类突发事件信息，不受分级标准限制）。

知识链接

突发事件信息报告分为初报、续报、终报。初报在时间紧急的情况下可先采用电话报告，之后再补报书面初报。

初报信息包括：信息来源、接报时间、发生时间、伤亡人数、财产损失、造成后果、事件过程等内容。

续报信息包括：核实数据、危害程度、影响范围、处置措施、保障情况、事件处置进展情况等内容。

终报信息包括：在初报和续报的基础上汇总事件基本情况、处置情况、目前情况、下步工作（包括善后、重建及评估）等内容。

38. 突发事件发生后，恢复重建的前期评估工作有哪些？

在开展恢复重建工作前应进行实地调研，全面收集信息，深入了解突发事件的破坏性和损害程度，对其所带来的损害作出全面、客观的评估，并制作评估报告。相关部门根据评估报告，邀请业内专家进行反复讨论，并采取有效、可行的恢复措施，这是开展恢复重建的一项基础工作。

（1）收集相关信息。突发事件恢复评估工作中，不仅要通过对灾害影响的调查来了解灾害的第一手信息，还要安排专业人员进入灾害现场进行调查和评估。为了保证评估工作的质量和进度，突发事件恢复评估应注意以下几个方面：

①进行风险评估。工作中尽可能运用系统的分析方法，统筹考虑和筛查突发事件恢复的各个环节、各种类型的损害和风险，特别是要加强动态性的评估。如在拆迁过程中发生的群体性事件，事态平息后，还要继续安排专门人员掌握其相关人员的动态信息，追踪了解诉求解决的进展情况，对该事件再次恶化的风险进行准确的评估。

②拓展信息渠道。要发挥包括恢复小组在内的多部门、多领域、多学科专家的作用以及其他社会力量的作用，积极运用现代科学技术方法，建立风险信息系统，全天候、全时段对收集的信息进行分析，使突发事件的恢复评估工作最优化。

③加强危机分析。在突发事件恢复评估中，要充分考虑各种危机导致的次生、衍生问题对恢复工作的影响，如对地震灾害评估，要及时掌握其数据信息，防止余震对灾区的二次损害，要及时运用综合手段进行分析。

（2）及时确定恢复对象。突发事件造成的损害对象有些是显露的，有些是潜在的，显露对象便于发现，潜在对象需要有关人员进行摸排分析，如灾害对人员的心理造成的损害。这就需要恢复前，恢复小组根据所收集到的信息对危机进行全面评估，以了解所有显露和潜在对象。确定潜在对象，需要紧密结合灾区恢复的实际情况，围绕着预防和危机处理的客观需要来确定可能的恢复对象。

（3）明确恢复对象的先后顺序。突发事件发生后，公共设施、生活基础设施等往往损坏比较严重，有关部门在特定的时间和特定的空间内，受到资源、环境、社会等因素的影响和制约，其恢复能力在某些程度上受到一定的限制，这就需要突发事件恢复工作的相关部门认真分析，确定恢复工作的优先内容,特别是恢复对象的先后顺序。

知识链接

展开突发事件恢复重建工作短则数天或数月,长则持续数年。因此,从恢复的时间可以分为短期恢复和长期恢复。

短期恢复是在突发事件处置活动结束后立即实施,并在短时间内达到一定的效果和目的。例如开展营救、捐款捐物、为受灾群众搭建临时住房、在暴恐事件中进行武装巡逻、宣传防暴知识等。

长期恢复一般眼光更为长远,需要较长时间的努力和规划,如城市的基础设施在地震中破坏严重,相关部门不仅要采取紧急措施妥善解决,还要进行受损评估、修缮或重建。在长期恢复中,政府部门要从经济社会总体发展的高度通盘考虑,进行合理的规划,以促进经济发展,增强防灾、减灾能力,积极预防和处置突发事件,提升社会、经济及环境对各种风险的抵御能力。

39. 突发事件紧急恢复工作的步骤有哪些?

突发事件一般都具有很强的破坏性,往往会对正常的社会秩序造成极大的干扰和破坏。一般情况下,突发事件恢复重建可能需要相当长的一段时间。从全过程危机管理理论的角度来看,恢复重建工作甚至应该在灾害发生之前就做好相应的准备工作,并在突发事件发生后,充分发挥所有恢复参与者的作用,因地制宜地开展现场紧急恢复工作。

(1)危机前开展恢复准备工作。做好危机恢复准备工作是开展危机恢复的基础工作,也是重要的前提条件。在公共危机恢复工作中,要注意通过多种渠道广泛地收集、掌握各种危机信息,及时发现和了解可能存在或发生的不安定因素,通过各种手段密切追踪其动态变化;要在事前对爆发危机的可能性进行综合分析,全面掌控危机的性质、规模、范围和时间等具体情况,以及危机爆发后哪些人群或设施会受到影响及影响程度如何;相关部门要根据实际情况建立和完善相应的危机管理机制,并制定、修订、启动紧急恢复计划或预案,组织动员社会力量参与危机恢复。这就要求社区工作人员具有忧患意识,在危机发生前,就要注意培养危机恢复意识,全面系统、高效务实地做好恢复准备工作:制定突发事件现场恢复的标准和细则(如恐怖活动犯罪现场的监控范围、火灾现场有毒物品的检测和污水的排放标准及方法等);在大型公众场所周围划定紧急疏散路线、区域和人员安置场所;制定、演练和完善相应的恢复计划和预案;加强危机恢复规划的针对性和实用性,并不断增强恢复准备工作的可行性,为突发事件恢复的实施工作打下坚实基础。

(2)突出恢复参与者的作用。在突发事件恢复中充分发挥参与者的作用,是做好危机恢复工作的基础。要尽可能地深入了解公众对受损设施区域或环境等方面恢复的愿望,增强对恢复工作和重建目标的认同;促进广大群众和社会组织积极有序地参与恢复工作,及时向参与者传达恢复工作的有关信息,使其了解恢复的计划或规划的步骤、路径、进度等重建状况。志愿者组织是恢复重建力量的重要补充和来源,突发事件发生后,会有部分志愿者及时到达现场,投入到救援或恢复重建工作中。志愿者一般熟悉当地的情况,也有可能已经了解该事件的前期处置的部分内容。公共事务管理部门平时要掌握民间志愿者组织,建立联系渠道,把志愿者协助制度作为日常工作的一部分,为志愿者在恢复重建中能够充分发挥作用创造条件。通过建立有效的协调工作机制和安全保障制度,促进志愿者的沟通与交流,保障志愿者在参与突发事件处置及恢复中的健康和安全。

(3)结合实际开展紧急恢复工作。在组织恢复的过程中,应着眼于防范再次发生类似灾害,进行快速处置和修复。还要根据简化、持续、安全、高效的原则,及时修复关系到公共安全和人民生活的基本设施(如公共交通系统、基本的用电用水、网络通信等)。对现场恢复时,还要注意灾害现场的安全保卫工作,特别是有些现场还存在一定的危险因素,要部署警力执行安全警戒任务,保障人民群众的生命、财产安全,预防灾害发生后衍生的违法犯罪行为的发生。

突发事件恢复过程中,还应加强对废弃物、垃圾、瓦砾等的管理和处置工作,要设立临时堆放场所、最终处理场所,循序进行收集、搬运及处置,对现场进行清理,尽量避免灾害给环境造成污染,并适当采取措施维护和保障灾区群众和工作人员的身体健康,尽早恢复受灾地区的生产、生活和工作秩序。

(4)加强联络沟通,妥善处理负面影响。进行相关恢复重建时,要及时与内部人员和其他参与者进行沟通,使他们在第一时间了解突发事件的恢复状况。同时还要通过报纸、电视、新闻媒体等宣传,加强外界对恢复工作的了解,促进社会各界对恢复工作的理解和支持。这就要求有关部门在灾害恢复阶段,与参与恢复的机构、企业、组织或志愿者组织建立相应的恢复联络小组,进一步加强沟通和交流,共同讨论紧急恢复事项,避免重复工作,提高恢复的工作效率。在恢复重建的过程中,还要注意增进媒体对恢复工作的配合和支持,充分利用互联网等媒介方式与外界进行交流和沟通,及时了解公众对恢复重建工作的建议和意见,进而调整和改进恢复工作方案。

新闻媒体对突发事件恢复工作进行负面报道或炒作时,有关部门要及时表明态度与立场,做好沟通工作。要选择时机开展有利于塑造正面形象的活动，将媒体的注意力吸引到正面活动中来，而且一定要让正面的声音传出去，将原来不利的负面影响变为正面效应。

知识链接

《中华人民共和国突发事件应对法》第五十八条：

突发事件的威胁和危害得到控制或者消除后，履行统一领导职责或者组织处置突发事件的人民政府应当停止执行依照本法规定采取的应急处置措施，同时采取或者继续实施必要措施，防止发生自然灾害、事故灾难、公共卫生事件的次生、衍生事件或者重新引发社会安全事件。

《中华人民共和国突发事件应对法》第五十九条：

突发事件应急处置工作结束后，履行统一领导职责的人民政府应当立即组织对突发事件造成的损失进行评估，组织受影响地区尽快恢复生产、生活、工作和社会秩序，制定恢复重建计划，并向上一级人民政府报告。

受突发事件影响地区的人民政府应当及时组织和协调公安、交通、铁路、民航、邮电、建设等有关部门恢复社会治安秩序，尽快修复被损坏的交通、通信、供水、排水、供电、供气、供热等公共设施。

40. 突发事件发生后，如何进行住房的恢复重建？

在突发事件的恢复重建中，政府要采取积极措施，减少和缓和突发事件所带来的有形物质损害，特别是关系民生的物质损害。其中，居民住所是重中之重。切实保障倒塌房屋户的基本生活，是恢复重建工作中首先要加以解决的重要问题。一般情况下，住房的恢复重建经历以下两个阶段：

（1）临时住处。灾害发生后，政府和其他社会组织都会及时地为灾区群众搭建帐篷或活动板房，来保障其基本生活。有条件的地区还会利用体育馆、礼堂等公共场所为灾民提供临时住处。临时住处不仅能够起到应急作用，还是修建永久住房的前提和基本保障。

（2）永久住房。恢复重建工作开始前，有关部门就要主动登记受损房屋，能修建的要及时修建，不能修建的要选好地址，着手重建工作，使灾民在一定的时间内重新住上长期住宅，保障灾区群众尽快恢复生产、生活。在我国，突发事件特别是自然灾害的发生一般会有大量的房屋被摧毁，灾后的救助问题十分严重，灾区群众大多无力单独进行房屋的重建。这时，要依靠政府给予必要的补偿和救助。

知识链接

《国务院办公厅关于居民住房恢复重建救助的要求》中规定："因灾倒损住房恢复重建要尊重群众意愿，以受灾户自建为主，由县级人民政府负责组织实施。建房资金等通过政府救助、社会互助、邻里帮工帮料、以工代赈、自行借贷、政策优惠等多种途径解决。重建规划和房屋设计要根据灾情因地制宜确定方案，科学安排项目选址，合理布局，避开地震断裂带、地质灾害隐患点、泄洪通道等，提高抗灾设防能力，确保安全。"

41. 突发事件发生后，如何进行经济恢复重建？

突发事件经常导致基础设施损毁、工业停产、商业中断、农业绝收等严重的直接经济损失。此外，它还可能引发物价上涨、就业率降低、居民收入下降等难以估算的间接经济损失。特别是重大自然灾害往往给农业、渔业、畜牧业、养殖业、林业带来灭顶之灾。因此,减小突发事件所造成的经济损失非常困难。

现代社会的运转高度依赖基础设施,在灾后恢复重建中,首先要恢复关键基础设施的运行。其次,对于工农业生产受到严重影响的灾区,政府应及时出台减免税收、提供低息贷款等一系列的优惠和扶植政策,帮助灾区恢复正常的生产秩序,甚至实现产业的升级。另外,政府及非政府组织应及时收集、传递对恢复生产有用的信息,需要派出专家提供技术支持和指导,推动灾区经济的快速恢复与发展。与此同时,灾区也应发挥自身的主观能动性,自力更生,积极探索生产自救的有效方式。

知识链接

《中华人民共和国突发事件应对法》第六十一条第一款:

国务院根据受突发事件影响地区遭受损失的情况,制定扶持该地区有关行业发展的优惠政策。

42. 突发事件发生后,如何进行灾害事故损失补偿?

(1)政府补偿。在恢复重建过程中,政府下拨救灾款项以帮助灾区恢复生产生活秩序,这是灾害事故损失补偿的主要手段。

(2)灾害保险。灾害保险与应急管理有着非常密切的关系。灾害保险的作用可以体现在:第一,保险公司要评估投保者的安全状况,有利于风险评估的全面与深化;第二,保险公司积极推动安全文化建设,不遗余力地为应急建设作出贡献,有利于贯彻预防为主的原则;第三,分担灾害风险。

（3）捐助。主要包括国内社会捐助与国际社会捐助两种。灾害发生后，国内外社会各界出于人道主义的立场，自发地捐款、捐物，这是灾害补偿的另一种手段。此外，一些非政府组织在灾害捐助中以其中立、人道主义色彩发挥着独特的作用，是恢复重建不可忽视的重要力量。

知识链接

《中华人民共和国突发事件应对法》第三十五条：

国家发展保险事业，建立国家财政支持的巨灾风险保险体系，并鼓励单位和公民参加保险。

43. 突发事件发生后，如何深入调查？

突发事件发生后，要冷静对待，并迅速对其展开深入调查，这就需要有关部门掌握大量的有效资料。收集信息的主要方式有：

（1）传播媒介。如今，大众传媒是获取文献资料信息的主要渠道，关于各种灾难事故的报道、评论，大量电子化的学术性文献等，都可以从大众传媒获取。

（2）事故及隐患鉴定报告。事故及隐患鉴定报告应当列出曾经所发生过的，或者将来有可能发生的各种突发事件，对这些突发事件进行系统地归类，并提出相应的解决办法和补救措施。

（3）进行实地调研。可以通过组织一些座谈会、交流会、到实地调研等方法，听取各方人士的看法和意见，包括群众的意见、专家的意见、组织管理者内部的意见以及有关部门的意见，了解特定群体的心理动态。

在实地调研时,要及时组织人员深入民众,与突发事件的当事人、见证人保持密切联系,以便查明事件的真相,了解事件的各个方面,收集关于事件的综合信息,并形成基本的调查报告。

调查报告的内容包括以下方面:

一是突发事件的基本情况,即事件发生的时间、地点和环境等。

二是突发事件的现状和发展趋势,包括事态目前状况的发展程度,控制措施的实施情况等。如果事件仍在发展,则需要调查恶化的原因、控制事态发展应采取的措施、突发事件继续发展的后果和影响等。

三是突发事件产生的原因和影响,包括引发事件的原因,伤亡的情况及人数,损坏的财产种类数量及价值,事件涉及的范围以及该事件在经济上、社会上甚至政治上带来的影响等。

四是突发事件涉及的民众对象,包括直接的受害者、间接的受害者;与突发事件有直接关系和间接关系的社会组织和个人,与突发事件处置有关的领域,如新闻界、舆论界等。

另外,在识别突发事件的过程中还应注意以下几点:第一,调整心态,以友善的精神风貌赢得民众的好感。第二,工作中力求果断、精练,以高效率的工作作风赢得民众的信任。第三,坚持处置突发事件的一般原则,使原则性与灵活性在工作中均得到充分的体现。第四,在接触民众的过程中,注意观察,了解民众的反应和新的要求,并做好思想工作。

知识链接

《中华人民共和国突发事件应对法》第三十八条:

县级以上人民政府及其有关部门、专业机构应当通过多种途径收集突发事件信息。

县级人民政府应当在居民委员会、村民委员会和有关单位建立专职或者兼职信息报告员制度。

获悉突发事件信息的公民、法人或者其他组织,应当立即向所在地人民政府、有关主管部门或者指定的专业机构报告。

44. 突发事件发生后,如何控制事态蔓延?

识别、确定了突发事件后,最紧要的事情就是隔离突发事件现场,切断现场与外界的联系,阻止事态的进一步蔓延。

(1)隔离突发事件

一是对人员的隔离。人员的生命安全至关重要,在处理突发事件的时候,要把人的生命安全放在首位。因此,突发事件的处理首先应救护伤员,防止人员伤亡范围的继续扩大。突发事件中的人员隔离还包括对参与救助人员的隔离,这样一方面保证救助人员的救助时间和精力;另一方面,也是阻止事故蔓延的一种方法。

二是对突发事件现场的隔离。首先要发出隔离报警的信号。通过发出报警信号,以此告知民众事故的发生,同时使参与救助的人员快速知晓事发现场在何处。其次,明确突发事件隔离的范围。一般来说,在事发现场都要拉警戒线或者是警戒标志,不允许非现场处理人员进入,这样尽可能减少事故的影响,也便于事态的控制和事件的处理。对于一些十分严重的突发事件来说,有时需要搬迁移民。

(2)控制突发事件事态的蔓延

如果突发事件还没有被媒体曝光,则应及时控制事件的影响,在对事件进行了充分调查了解的基础上,根据法律和公理,果断做出处置决定,争取牺牲小利换来突发事件的快速应对,以免因事态进一步恶化造成无法控制的损失。

如果突发事件已通过媒介进行了广泛的传播,并在公众当中产生了一定的舆论影响,这时应在兼顾突发事件本身的处理的同时,将工作的重点转到引导媒体的舆论报道方向上来。对媒体做出正确的引导,充分利用媒体揭示事件真相,让媒体了解事件原委并引导其对事件做出客观的报道和评论。

但是,不论与媒体或是民众打交道,应对突发事件的领导者都必须注意权衡利弊得失,随时调整处置策略。除此之外,应对突发事件的领导在处置过程中还须随时与上一级政府保持联系,必要时可要求上一级政府给予支持和帮助。

在某些特殊的突发事件处理中,组织与公众的看法不一致难以调解时,必须靠权威发表意见。组织要善于借助公正性和权威性的机构来帮助解决突发事件。由于在很多情况下,权威意见往往对组织突发事件的处理能够起到决定性的作用,因此,组织在处理突发事件时,一方面要做到谦虚自责,勇于承担责任,始终把社会公众的利益放在首位;另一方面也要坚持原则。只有这样才能使组织既控制事态发展,转危为安,又能由此迈上一个新台阶。

45. 突发事件发生后,如何及时公开信息?

与群众做好沟通是稳定人心的关键。事实证明,突发事件发生期间,与群众的有效沟通至关重要。面对突发事件,相关部门、单位作为危机处理和传播的主体，必须及时公开信息，把握危机处理的主导权。如果一味回避媒体、瞒报、缓报，不仅不利于问题的解决，而且还会影响公信力。换言之，突发事件发生后，群众往往会迷茫、恐慌，他们迫切需要听到权威的声音，如果这个时候，相关部门、单位能够及时主动地发布有关信息，让群众对突发事件进行较为全面的了解，就会减弱民众的恐慌和恐惧情绪。否则，任由谣言、不实消息横行，就会增加社会的不安情绪，甚至引发群众的过激行为，导致群体事件的发生。

危机沟通的受众可能包含多个团体，每个团体受危机影响的程度都各不相同。因此，应当制订一个整体战略，具体包括以下几个方面：

第一，明确受众群体。对于所有受危机影响的利害关系者进行了解，进行非正式接触；同熟悉的群体接触；询问其他团体的名称并与之联络；继续扩展受众范围，确保将所有受影响群体都纳入危机管理。

第二，给予利害关系者一定的参与机会和渠道。要注重参与者的代表性、参与言论的客观性，制定采纳或拒绝建议的程序。

第三，公平对待每一个团体。不向任何一个团体提供对其他团体保密的信息，不要让团体之间相互对立，否则会不可避免地产生各方不信任等多种问题。

第四，积极倾听。这个过程包括所要传达的含义和发送者的感情，目的是让对方感到所要传达的内容和感情都已经被理解和接受。倾听是了解别人如何感知、如何看待世界的方式，包括意会分辨、鼓励、再现、总结等诸多内容环节。

知识链接

出现突发事件，要在第一时间内把最新掌握的灾害情况通报给群众，提出相应的防范要求，及时把群众的思想情绪稳定下来，引导群众迅速、稳妥、有序地应对灾害，避免由于毫无根据的猜测引发的社会不安。

有关部门要密切关注社会动态，积极配合做好稳定人心的工作，对那些散布谣言、干扰破坏救灾的行为，要坚决依法处理，对借机故意制造散播谣言、蛊惑煽动群众的别有用心者，要依法予以严厉打击。

46. 突发事件发生后，如何正确引导媒体对突发事件进行报道？

在应对突发事件的沟通中，信息越早发布越有利于问题的解决，发布的信息越全面越有利于稳定群众情绪，引导社会舆论。在发布消息时，需要把握以下几点：

（1）真实。在应对突发事件的过程中，发布的所有信息必须真实，所有的报道力求实事求是，不传达虚假信息，不传达没有足够证据的言论，真实展现事情的现状，不随意篡改事情发生的真相。虚假信息不仅不利于事情的解决，而且还会把政府置于“失信于民”的被动地位。

（2）及时。要把突发事件的相关信息及时向社会公布，贯穿于突发事件的始终，从突发事件预警、发生、发展和结束到事后的总结经验，不间断适时地将信息公开，既公开正面的信息，也不忽略处理过程中可能存在的问题，积极回应群众的关切和质疑，在群众面前树立负责任、敢于承担的形象。

（3）充分保障群众的知情权。信息公开的核心目标是满足群众的信息需求，切实保障群众的知情权，这就要求公开的信息必须是群众最关心的。一般来说，公开的信息要包括以下要素：时间、地点、信息来源、事件起因和性质、基本过程、已造成的后果、影响范围、事件发展趋势、处理情况、采取的措施以及下一步工作安排等。

(4)口径统一。虽然信息发布的方式是多样的,但是发布的信息内容必须是一致的,也就是“统一口径”的问题。在信息公开过程中,避免提供互相矛盾的信息,否则群众会无所适从,产生种种疑虑。在处理的过程中,由于突发事件具有很强的不确定性,披露信息时难免存在偏差,但是在偏差矫正之后,相关单位应在后续的信息发布过程中予以说明和解释。

(5)保持信息发布的连续性。突发事件的处理是一个连续性的过程。第一时间发布的信息不一定是对的。因此,在信息发布的过程中要注意保持信息发布的连续性,不断发布情况,对过去由于情况不清晰而发布的不完整信息要及时纠正,保证信息发布的权威性。

知识链接

《国家突发公共事件总体应急预案》关于事件信息发布的规定如下:

突发公共事件的信息发布应当及时、准确、客观、全面。事件发生后的第一时间要向社会发布简要信息,随后发布初步核实情况、政府应对措施和公众防范措施等,并根据事件处理情况做好后续发布工作。信息发布要积极主动,准确把握,避免猜测性、歪曲性的报道。政策规定可以公布的,要在第一时间内向社会公布。诸如授权发布、散发新闻稿、组织报道、接受记者采访、举行新闻发布会等发布形式都可以视具体情况灵活采用。保证在整个事件处置过程中,始终有权威、准确、正面的舆论引导公众。

47. 突发事件发生后，如何进行心理危机干预？

突发事件往往会对受害者及家属甚至是救援者的心理造成极大影响，进而引起焦虑、恐惧、抑郁、强迫反应、脾气暴躁、过度警觉等一系列不良心理行为反应，有关人员极有可能还因此而留下终身无法弥合的心理创伤。

突发事件发生后，应及时组织心理专家对相关人员进行心理干预，具体可从以下几个方面做起：

（1）注意分散受害人或受害家属，避免产生群体效应。

（2）组织专业心理咨询师加入应急工作小组，对受害者的家属进行陪护与关注，及时引导他们进行情绪宣泄与合理心理疏导，安抚情绪，避免关注度不够导致受害人家属进一步情绪激化，甚至出现自伤或者攻击行为。

（3）组成心理专家队伍介入抢救与治疗，对受害人群进行心理干预，应在危机事件发生后72小时内介入，协助医疗组进行心理治疗，促进与其交流与沟通，鼓励当事者充分表达自己的思想和情感，鼓励其树立自信心和正确的自我评价，减轻其恐惧心理、逐步恢复正常社会功能。

（4）督促相关部门调查事故发生原因，即时与受害人及其家属通报调查进度，及时与媒体保持联系，向社会通报原因，减弱社会焦虑，避免谣言对事件带来恐慌、不满和社会动乱。

（5）对参与事故救援的武警、医疗组与其他工作人员提供一对一的心理援助，帮助其减弱心理创伤，调整正常社会功能。

（6）逐步在学校、企业、机关等组织与机构开展危机心理干预知识教育，逐渐消除社会影响。

(7)进行心理排查,及时发现边缘型、偏执型人格障碍人群与严重心理障碍人群,尽早进行干预或治疗,将损失与伤害的可能性降低到最小程度。

《国家突发公共事件总体应急预案》规定:“对突发公共事件中的伤亡人员、应急处置工作人员,以及紧急调集、征用有关单位及个人的物资,要按照规定给予抚恤、补助或补偿,并提供心理及司法援助。”

48. 雷击的应对工作有哪些?

雷击,指打雷时电流通过人、畜、树木、建筑物等造成杀伤或破坏。关于雷击的应对工作主要有以下方面:

(1)立即上报上级应急管理部门,在专业救援队伍到来之前组织进行现场应急抢险和处置工作。

(2)根据事故发生状态,全面具体部署救援工作,确保安全事故应急救援预案的快速有效实施。

(3)组织有关部门和人员,迅速开展抢险救灾,救治伤员,并对应急行动中发生的不协调采取紧急处理措施,防止事故的扩大和蔓延,最大限度地降低事故损失。

(4)根据事故灾害发展情况,对危及到的周边单位和人员,及时指挥、组织疏散工作,密切注视安全事故控制情况,组织召开事故现场会议,做好信息处理,同时协调做好稳定社会秩序和伤亡人员的善后及安抚工作;接受统一指挥,向上级部门汇报突发事件和应急处理情况。

(5)安排人员到道口指挥救护车的行车路线。

(6)迅速对周围环境进行确认,在仍存在危险因素的情况下,立即加强人员防护,在事发现场设置警戒线,禁止非现场处理人员进入。

知识链接

遇到雷雨天气时的应急要点如下：

（1）注意关闭门窗，室内人员应远离门窗、水管、煤气管等金属物体。

（2）关闭家用电器，拉开电源插头，防止雷电从电源线入侵。

（3）在室外时，要及时躲避，不要在空旷的野外停留；如果无处躲避时，应尽量在低洼处躲避，或者立即下蹲，降低身体的高度。

（4）远离孤立的大树、高塔、电线杆、广告牌等。

（5）立即停止室外游泳、划船等水上活动。

（6）如果多人共处室外，相互之间不要紧靠，以防被雷电击中后电流互相传导。

（7）在户外时，不要使用手机。

（8）对被雷电击中的人员，应立即采取心肺复苏法进行抢救。

49. 高温天气的预防及应对工作有哪些？

高温天气一般是指气温在35℃以上。人体在过高环境温度作用下，体温调节机制暂时发生障碍，而发生体内热蓄积，导致中暑，甚至会诱发心、脑血管疾病造成死亡。因此，为了维护正常的生产生活秩序，确保广大人民群众生命财产安全，要做好高温天气预防及应对工作。

高温天气预防及应对工作包括以下方面：

（1）完善应急措施。成立应急工作领导小组，以社区安全员、物业、志愿者为机动小队，进行每日巡查，每天汇总情况，确保平安。遇到高温天气时，及时向居民群众、建筑工地、大型企业发布预警消息，提醒市民注意防暑安全。

(2)推行防暑服务。联合社区卫生服务站,开展夏季高温防暑、降温、保健等常识宣传,防暑手册与清凉油发放活动,通过普及防暑降温知识,提高户外作业人员的自我保护意识和自我保健能力。

(3)重视安全检查。针对居民小组楼道、商业综合体、餐饮、宾馆、电梯等场所进行隐患排查,查看各场所灭火器放置是否合理、是否过期及是否有危化品及易燃易爆品。

知识链接

我国气象学上,气温在35℃以上时可称为“高温天气”。如果连续几天最高气温都超过35℃,即可称作“高温热浪”天气。一般来说,高温通常有两种情况,一种是气温高而湿度小的干热性高温;另一种是气温高、湿度大的闷热性高温,称为“桑拿天”。高温天气能使人体感到不适,工作效率降低,中暑、患肠道疾病和心脑血管等病症的发病率增多。同时,高温天气也会对农业生产造成较大影响。

在遇到高温天气时,应注意以下事项:

第一,在户外工作时,及时采取有效防护措施,切忌在太阳下长时间裸晒皮肤,最好带冰凉的饮料。

第二,注意不要在阳光下疾走,也不要到人群聚集的地方。从外面回到室内后,切勿立即吹空调。

第三,尽量避开在上午10时至下午4时这一时段出行,应在口渴之前补充水分。

第四,注意高温天饮食卫生,防止胃肠感冒。

第五,注意保持充足睡眠,有规律地生活和工作,增强免疫力。

第六,注意对特殊人群的关照,特别是老人和小孩,高温天容易诱发老年人心脑血管疾病和小儿不良症状。

第七，注意预防日光照晒后，日光性皮炎的发病。如果皮肤出现红肿等症状，应用凉水冲洗，严重者应到医院治疗。

第八，注意出现头晕、恶心、口干、迷糊、胸闷气短等症状时，可能是中暑早期症状，应立即休息，喝一些凉水降温，病情严重应立即到医院治疗。

50. 寒潮天气的预防与应对工作有哪些？

寒潮天气来临时会造成沿途大范围的剧烈降温、大风和风雪天气，由寒潮引发的大风、霜冻、雪灾、雨凇等灾害对农业、交通、电力、航海以及人们健康都有很大的影响。

因此，面对寒潮天气的来临应该做到以下几点：

(1)强化应急 24 小时值班值守制度，全力做好突发事件应急准备，切实做好持续降温的雨雪天气防范应对工作，保障辖区群众安全。

(2)社区在宣传栏中张贴防滑防冻温馨提示单，并充分利用广播、电视、网络、短信、微信等途径，及时发布各类预报预警信息，发布寒潮天气预警信息、安全提示及防灾减灾知识，提醒居民要关注天气变化，做好防冻抗寒准备，出行注意交通安全，老年人应尽量减少不必要的出行。

(3)以社区为单位，组织志愿者和社区工作人员成立排查救援小分队，对辖区内居民小区搭建物等地进行重点检查，并组织各网格员迅速排查辖区有大型广告、高空支架等易因大风或雨雪产生倒塌、坠落等问题的区域，全面排除各类安全隐患。

(4)重点对辖区内独居老人、生活困难人员及辖区养老院进行集中走访排查，对排查的隐患及时整改，尽量减少灾害天气造成的次生事故，切实解决他们防寒防冻和日常生活中的困难。

寒潮，是一种自然天气现象，指来自高纬度地区的寒冷空气，在特定的天气形势下迅速加强并向中低纬度地区侵入，造成沿途地区大范围剧烈降温、大风和雨雪天气。这种冷空气南侵达到一定标准的就称为寒潮。

寒潮是冬季来自极地或寒带的寒冷空气，像潮水一样大规模地向中、低纬度的侵袭活动。寒潮袭击时，会造成气温急剧下降，并伴有大风和雨雪天气。对工农业生产、群众生活和人体健康等都有较为严重的影响。

51. 暴雪天气的预防及应对工作有哪些？

大多数雪是无害的，但当风速达到每小时 56 千米，温度降到 -5℃以下，并且降雪量很大时，暴风雪便形成了。当暴雪过后，路面会结冰，道路积雪严重，会影响交通出行。结冰的时候，不管是行走，还是车辆行驶，都非常容易出现打滑，而大量积雪会导致交通堵塞。因此，必须要做好暴雪天气的预防及应对工作。

暴雪天气的预防及应对工作主要有以下几个方面：

（1）安排人员做好通宵值班，保持 24 小时电话通畅。

（2）社区通过电子显示屏、QQ 群、微信群和广播喇叭的方式及时下发紧急通知，提醒社区内来往的行人车辆注意安全，注意用电安全，并提供自来水和电力部门抢修电话，确保居民的人身安全、财产安全。

（3）通知物业公司修剪树枝以防大雪压断，准备草包防滑防冻，准备盐包化冻，在各个区块巡逻，提醒周边的居民，一定要做好恶劣天气的应对措施。

(4)组织人员对公司现场建筑、附属建筑、宣传栏、标志牌等高大设施进行隐患排查，及时采取拆除、加固措施，避免在暴风雪中损坏或倒塌。

(5)暴雪天气发生后立即组织员工对厂区主干道、主要人行道路积雪进行清理，并做好警示标识，防止发生车辆、人员损伤事故。

(6)暴雪天气发生后及时与当地相关部门联系，保证电力、食材供应，必要时向上级部门联系获取救援。

知识链接

暴雪天气会造成以下危险：

(1)走人行道易摔伤。暴雪天行人要走人行道，不要在机动车道上行走，防止被侧滑的车碰到；走路速度不要太快，穿好防滑鞋或旅游鞋，切勿穿硬塑料底鞋。如果突然摔倒，尽量别用手腕去支撑地面，因为这种摔倒姿势最容易造成手臂骨折。

(2)雪天骑车易侧滑。雪天骑自行车、电动车上路后要低速行驶；不要在易结冰打滑的地砖上骑车；切勿与机动车抢道，防止被发生侧滑的机动车碰伤；在有较厚积雪或者有薄冰的路面，最好下车步行。

(3)容易爆发心脑血管病。气温越低，急性心肌梗死与脑卒中发病率越高。冬天外出时，应注意防寒保暖，一定要戴好帽子、围巾和手套。下雪、化雪的时候天气格外寒冷，心脑血管病人应减少外出。

(4)易发生车祸。雪天开车不仅容易打滑，视线还极其不佳，如果开车不多加小心，就很容易导致车祸。

52. 道路结冰的应对工作有哪些？

出现道路结冰时，由于车轮与路面摩擦作用大大减弱，容易打滑，刹不住车，造成交通事故；行人也容易滑倒，造成摔伤。因此，当道路结冰时应做好以下工作：

（1）要密切关注当地气象预报预警信息，一旦发现路表温度接近0℃，应及时将盐均匀地撒在路面上；路面积雪时，应组织人力及时清扫，或者喷洒融雪剂。

（2）配合交通、公安等部门做好道路结冰应急和抢险工作。

（3）若因道路积冰引起交通事故，应在事发现场设置明显的警示标志，以防事故再次发生。

（4）开展冰雪灾害预防与应急、自救与互救等相关知识的公益宣传工作，增强居民的自我安全意识，最大程度地预防和减少发生道路结冰时造成的损失。

知识链接

道路结冰是指降水（如雨、雪、冻雨或雾滴等）碰到温度低于0℃的地面而出现的积雪或结冰现象，包括冻结的残雪、凸凹的冰辙、雪融水或其他原因的道路积水在寒冷冬季形成的坚硬冰层。道路结冰容易发生在11月到下一年4月（即冬季和早春）的一段时间内。一般来说，寒冬腊月，当出现大范围强冷空气活动引起气温下降的天气（气象上称为寒潮）时，如果伴有雨雪，最容易发生道路结冰现象。

道路结冰时，应注意以下事项：

第一，行人出门当心路滑跌倒，尽量不要外出，特别是尽量少骑自行车。

第二，司机要采取防滑措施（如装防滑链），注意路况，慢速安全驾驶。

第三，行人要注意远离或避让机动车和非机动车辆。

第四，教育少年儿童不要在有结冰的操场或空地上玩耍。嘱咐老人不要在有结冰的地方散步或锻炼身体。

第五，由于道路结冰路滑跌倒，易导致扭伤或碰伤，这时应去医院治疗。

53. 海啸的应对工作有哪些？

海啸主要受海底地形、海岸线几何形状及波浪特性的控制，呼啸的海浪水墙每隔数分钟或数十分钟就重复一次，摧毁堤岸，淹没陆地，夺走生命财产，破坏力极大。因此，应对海啸时应做好以下工作：

(1)海啸发生前地面会强烈震动，地震波先于海啸到达近海岸，这时应及时组织人民群众避险。

(2)海平面显著下降或有巨浪袭来时，必须以最快速度有秩序地组织人民群众撤离岸边。

(3)当接到海啸警报时，应立即通知周边居民、商户及单位，让其及时切断电源、关闭燃气。

(4)当海啸来临时，通知停在港湾的船舶和航行的海上船只立即驶向深海区，不要停留在港口、回港或靠岸。

知识链接

发生海啸时的自救互救方法如下：

(1)如果在海啸时不幸落水，要尽量抓住木板等漂浮物，同时注意避免与其他硬物碰撞。

(2)在水中不要举手，也不要乱挣扎，尽量减少动作，能浮在水面随波漂流即可。这样既可以避免下沉,又能减少体能的无谓消耗。

(3)如果海水温度偏低,不要脱衣服。

(4)尽量不要游泳,以防体内热量过快散失。

(5)不要喝海水。海水不仅不能解渴,反而会让人出现幻觉,导致精神失常甚至死亡。

(6)尽可能向其他落水者靠拢,便于相互帮助和鼓励,又可因目标扩大更容易被救援人员及时发现。

(7)人在海水中长时间浸泡,热量散失会造成体温下降。溺水者被救上岸后,最好能放在温水里恢复体温,没有条件时也应尽量裹上被、毯、大衣等保温。注意不要采取局部加温或按摩的办法,更不能给落水者饮酒,饮酒只能使热量更快散失。给落水者适当喝一些糖水有好处,可以补充体内的水分和能量。

(8)如果落水者受伤,应采取止血、包扎、固定等急救措施,重伤员则要及时送医院救治。

(9)记住及时清除落水者鼻腔、口腔和腹内的吸入物。其具体方法是:将落水者的肚子放在你的大腿上,从后背按压,将海水等吸入物倒出。如心跳、呼吸停止,则应立即交替进行口对口人工呼吸和心脏挤压。

54. 龙卷风过后,应如何开展救援工作?

龙卷风是一种少见的局地性、小尺度、突发性的强对流天气,是在强烈的不稳定的天气状况下由空气对流运动造成的强烈的小范围空气涡旋。龙卷风是一类气象灾害,由于是突发的、不可测的,因此,在平时要做好应急措施，在龙卷风来临后要做好救援工作。

龙卷风过后，救援工作的开展主要包括以下几个方面：

（1）全面开展受灾人员排查，确保到边到角、无一遗漏。全力救治受伤人员，对接调配医疗资源，确保伤员得到及时有效治疗。

（2）督促相关部门尽快抢修供电故障设施，及早恢复供电，对受停电影响的主干道路，联系交警指挥疏导，确保道路通畅。

（3）当地应抓紧做好灾区清理工作，迅速清理现场、沿线环境，消除安全隐患，跟进卫生保洁，确保不发生次生灾害。必要时与其他非受灾地区联系，寻求支援、增强力量，加快推进现场的清理工作。

（4）把清查受灾情况、清扫环境卫生、畅行交通作为开展相关工作的重要抓手，对各受灾点位的沿线绿化、沿街店铺、道路状况等进行全方位排查。

（5）全方位调查基础设施损坏、房屋倒损、农作物损失、居民财物损失等情况。

知识链接

由于龙卷风的威力特别大，具有巨大的破坏作用，龙卷经过的区域内，房屋等建筑物常会遭受不同程度的破坏，甚至发生倒塌。因此，受龙卷风影响地区的群众，尤其是家庭、邻里之间在灾后第一时间的自救互救极为重要，可最大限度减少人员伤亡。被埋压人员要保持清醒头脑，尽快想法脱离险境，如果不能自行脱险，应尽量创造和扩大安全生存空间，减少对身体的挤压，特别是对腹部以上身体部位的压物要清除或移开，加强对头部及口、鼻等器官的自我保护，等待救援。救援时要讲究方法，首先应使被救者暴露头部，保持呼吸畅通，如有窒息，应立即进行人工呼吸；其次不可生拉硬扯或使用利器硬挖被埋者，以免造成进一步的损伤，同时对重伤者应及时送医院抢救。

55. 台风袭来时，防灾减灾工作有哪些？

台风过境时，常常带来狂风暴雨天气，引起海面巨浪，严重威胁航海安全。台风登陆后所带来的风暴可能摧毁庄稼、各种建筑设施等，造成人民生命、财产的巨大损失。因此，台风袭来时，应做好以下防灾减灾工作：

（1）要全力做好受灾群众安置，坚持把群众冷暖安危作为头等大事，保障好受灾群众的吃、住、穿、医等，并抓好灾后防疫工作，做到“水退到哪里就消杀到哪里”，尽快恢复正常的生产生活秩序。

（2）要全力做好抢险救灾工作，把恢复基础设施作为“生命线”工程，抓紧时间抢修抢通电、水、路、通讯等设施，做好毁坏水利设施的修复，坚决以最大力度、最快速度抢修畅通。

（3）要全力防范次生灾害发生，全天候监测因长时间强降雨、雨水浸泡等可能导致的风险隐患和次生灾害，全方位、拉网式排查处置灾后风险隐患点，台风警报解除前坚决防止转移人员擅自返回居住地，确保全过程管理到位。

知识链接

台风过后，由于洪水的冲刷污染了生活用水和居住地，加之蚊蝇的大量孳生繁殖、老鼠的迁移等，造成了生活环境的严重污染；长期阴雨、室内受淹，食品容易发霉变质。以上这些因素均易给人体的健康带来危害，特别是容易发生肠道传染病的暴发流行。为此，需要特别注意传染病的防治工作。饮水卫生：喝开水，不喝生水，更不要饮用灾后井水，搞好个人卫生，不要使用未经消毒的污水漱口、洗瓜果、碗筷等；对饮用水而言，煮沸消毒是最安全有效的消毒方法；饮食卫生和个人卫生：不吃腐败变质食物,不吃苍蝇叮爬过的食物,不吃未洗净的瓜果等,也不要贪吃生冷食品。食物要煮熟煮透,保持室内通风;个人防护:防止皮肤直接接触疫水,如外出时要穿胶鞋等。戴乳胶手套,皮肤碰到污水后立即用清水冲洗,不用脏手揉眼睛。当身体不适时,一定要及时请医生诊治。尤其是出现发热和腹泻等症状时,一定要及时到当地医院的发热门诊或肠道门诊就医。

56. 如何有效防范沙尘暴?

沙尘暴是干旱和半干旱地区的常见气象灾害,其诱因通常是雷暴或与气旋相关的强气压梯度,从而使某个地区的风速加大。这些强风会将裸露干燥土壤的大量沙尘卷入大气,并将其输送到数百至数千公里以外。因此,为有效预防大气污染,提高环境空气质量,保护人民群众的身体健康,社区应积极开展大气污染防治行动,做好沙尘暴的预防工作。

沙尘暴的防治工作主要有以下方面:

(1)强化责任抓宣传。社区通过在各网格党群服务驿站设置宣传点、入户发放温馨提示单等方式,在微信公众号、微信群及时转发天气预警信息,并及时科普沙尘暴的相关知识,提高居民对沙尘暴危害的认识,提醒居民加强个人防护措施,尽量减少体力消耗和户外活动。同时,加入环保宣传内容,让更多居民了解保护环境的意义,培养群众关心、爱护环境的意识,引导广大居民积极主动地参与到环境保护中。

(2)用好网格抓巡查。要求辖区各单位、市场、建筑工地对沙尘暴提前防范。组织网格员对高层建筑围挡、广告牌等进行全面检查,发现有松动、脱落等情况及时处理，消除安全隐患，并对裸露空地进行铺网抑沙，定时洒水降尘。同时结合文明单位创建工作，进一步强化辖区内“门前三包”责任制落实等工作。

(3)加强协调抓预防。积极联合环卫、交警等部门，针对沙尘暴导致的能见度低、交通事故频发等问题，积极联系环卫站采取各项措施，加强洒水除尘作业，并联合当地中小学在上下学期间开展交通疏导，最大限度预防和减少道路交通事故的发生。

知识链接

沙尘暴对人类的危害主要表现在以下方面：

一是人畜死亡、建筑物倒塌、农业减产。沙尘暴对人畜和建筑物的危害不亚于台风和龙卷风。

二是流沙埋压。沙尘暴经过之处，将大量的沙尘沉积下来，以流沙的形式掩埋农田、草场、居民区、工矿、铁路、公路及其他设施。

三是大风袭击。沙尘暴来势凶猛时，风速往往超过 20 米/秒至 30 米/秒，破坏力巨大的大风甚至可以袭击各种工农业设施。

四是大气污染。沙尘暴过程中会将大量的粉尘粘粒带到高空和对流层中，对大气环境产生污染，对人体、动物和植物造成严重的危害。沙尘暴降尘中至少有 38 种化学元素，给起源地、周边地区以及下风地区的大气环境、土壤、农业生产等造成了长期的、潜在的危害。

五是表土流失。农作物赖以生存的微薄的表土被风沙流吹蚀和腐蚀，土地就会变得异常贫瘠，这将严重影响农作物的产量。

57. 洪水灾害的预防与应对措施有哪些?

洪水灾害,是指洪水给人类的生存和社会发展造成损失与祸患。在人类历史上,每年都会发生洪水灾害,给人民群众的生命和财产造成严重伤害和巨大损失。因此,必须要做好洪水灾害的预防与应对工作,使人民群众的生命和财产得到保障。

(1)洪水灾害的预防工作

①制定防汛应急预案,保持24小时应急值班状态,积极应对道路积水、农田畈区内涝、河道水位上涨等强降雨影响。

②安排社区工作人员到排涝站、危旧房、在建工程等地巡查,了解一线水情、雨情;并入户排查,做好人员转移准备工作,将雨衣、雨靴、手电、救生衣等防汛物资备齐。

③及时联系排涝站,全线开机排涝,24小时对内河水位进行密切监测。

④社区组建防汛应急小分队,对辖区内的排水管道、在建工程等薄弱环节一一进行检查;青年团员、党员入户进行隐患排查,提醒老人尽量少出门;安排志愿者在主要道路手持小喇叭提醒居民注意安全。

⑤如果出现持续不断的大雨和大风暴,要远离水道和低洼地区,组织居民在高地驻扎会更加安全。如果水位上升,就转移到更高的地域。

⑥面对可能的汛情,首先应建议居民在门槛外垒起一道防水墙,最好的材料是沙袋,也就是用麻袋、塑料编织袋或米袋、面袋装入沙石、碎石、泥土等,然后再用旧地毯、旧毛毯、旧棉絮等塞堵门窗的缝隙,如果预测洪水会涨得很高,在底层窗槛外也要垒防水墙。

⑦洪水即将来临时,社区工作人员应提醒居民要准备好必要的物

资,提高避险的成功率。主要包括:准备好电量充足的手机,以便及时与急救人员联系,以及了解各种相关信息;准备饮用水,多备罐装果汁和保质期长的食品,密封捆扎以防变质;准备保暖的衣物及治疗感冒、痢疾、皮肤感染的药品;准备可以用作通信联络的物品,如手电筒、蜡烛、打火机等;准备颜色鲜艳的衣物及旗帜、哨子等,以防不测时当做信号;准备救生工具和烧火用具等,特别是在偏僻山区,收集绳子或床单等,以备不时之用;将汽车加满油,保证随时可以开动。

⑧组织居民学会自制简易木筏的技能,用身边任何可以浮起的东西,如床、木梁、箱子、圆木、衣柜等绑扎而成。洪水来临前,呼吁居民及时准备好救生物品;提前告知居民:在洪水来临时,可以选择体积较大的空容器、木质家具、三大球类等浮力很好的物品逃生。

(2)洪水灾害的应对措施

①洪水来临时,要冷静观察水势和地势,迅速向附近的高地、楼房转移。转移时,要先人员后财产,先老幼病残人员,后其他人员。

②在洪水灾害中,一旦有人溺水应当立即施以援救。对溺水者的急救措施,包括搬运、检查溺水者情况、清除口鼻中异物、排出腹水、人工呼吸、心脏按摩和转送医院抢救等。

③洪水退后,把所有淹死的动物尸体烧掉,所有的水饮用前要彻底煮沸;给房子彻底消毒,包括空调、供暖管道和过滤器,在重新使用之前检查并烘干所有电器,保持居住环境的清洁和通风,用消毒剂冲洗所有被污染的地方。

④在检查被水淹过的房子时,要使用手电筒,不要使用火柴,以防因煤气泄漏而引发火灾,同时向有关方面报告毁坏的基础设施线路。

⑤灾后要对被淹过的房屋内外开展消毒杀菌工作,同时社区还应开展关注特殊人群活动。

⑥灾后在辖区内开展预防灾后疾病的宣传活动。可通过 LED 显示屏、广播、微信公众号、宣传折页等,给居民进行了卫生防病知识的答疑解惑,进一步提升辖区内群众的灾后卫生防病意识。同时,向居民宣传注意饮用水卫生。不喝生水,只喝开水或符合卫生标准的瓶装水、桶装水;装水的缸、桶、锅、盆等必须干净,自来水水管或水龙头如被污染,退水后应充分清洗管路,水龙头表面使用含氯消毒剂擦拭消毒。

知识链接

洪水来到时的自救方法如下:

(1)来不及转移的人员要就近迅速向山坡、高地、楼房、避洪台等地转移,或者立即爬上屋顶、楼房高层、大树、高墙等较高的地方暂避。

(2)暂避的地方已无法自保,则要充分利用准备好的救生器材逃生,或者迅速找到一些门板、桌椅、木床、大块的泡沫塑料等能漂浮的材料扎成筏逃生。

(3)如果已被洪水包围要设法尽快与当地防汛部门联系,报告自己方位和险情,积极寻求救援;发现高压线铁塔倾斜或者电线断头下垂时,一定要迅速远避,防止直接触电或因地面“跨步电压”触电。

注意:千万不要游泳逃生,不可攀爬带电的电线杆、铁塔,也不要爬到泥胚房的屋顶。

(4)低洼处的住宅遭洪水淹没或围困时,一是安排家人向安全坚固的高处转移;二是想方设法发出求救信号;三是利用简易救生器材转移到较安全的地方。

(5)如已被卷入洪水中,一定要尽可能抓住固定的或能漂浮的东西,寻找逃生机会。

洪水过后的疾病预防控制措施主要有以下几点:

(1)加强饮用水卫生管理

①水源的选择与保护。应在洪水上游或内涝地区污染较少的水域选择饮用水水源取水点，并划出一定范围，严禁在此区域内排放粪便、污水与垃圾。有条件的地区宜在取水点设码头，以便离岸边一定距离处取水。

②退水后水源的选择，无自来水的地区，尽可能利用井水为饮用水水源。水井应有井台、井栏、井盖，井的周围30米内禁止设有厕所、猪圈以及其他可能污染地下水的设施。取水应有专用的取水桶。有条件的地区可延伸现有的自来水供水管线。

③对饮用水进行净化消毒。其中，煮沸是十分有效的灭菌方法。在有条件时则可采用重力过滤、加压过滤等其他过滤方法。但在洪涝灾害期间，最主要的饮用水消毒方法是采用消毒剂消毒。

④加强供水设施消毒。被洪水淹没过的水源或供水设施重新启用前必须清理消毒，检查细菌学指标合格后方能启用。经水淹的井必须进行清淤、冲洗与消毒。先将水井掏干，清除淤泥，用清水冲洗井壁、井底，再掏尽污水，待水井自然渗水到正常水位后，投加漂白粉浸泡12～24小时后，抽出井水，待自然渗水到正常水位后，按正常消毒方法（一吨水加漂白粉4克，如污染较重加漂白粉至8克/吨）消毒，即可投入正常使用。

(2)加强食品卫生管理

水灾地区需要重点预防以下食物中毒：

①霉变粮食引起的霉菌毒素食物中毒：常由食用了霉变的大米引起。

②细菌性食物中毒：常由动物性食品、已死亡的畜禽肉、没有很好冷藏的食品（如肉类、蛋类）和存放时间长的熟食（如米饭、蔬菜）引起。

③化学性食物中毒：一般由误食有毒物质引起。由于灾区环境的变化和临时居住地的条件所限，农药、亚硝酸盐及其他工业用化学物质易被误食。

④有毒动、植物性食物中毒：误食猪甲状腺、肾上腺和含毒的鱼类会引起有毒动物性食物中毒；食用未经充分加热的豆浆、扁豆或发芽土豆、毒蘑菇会引起有毒植物性食物中毒。

58. 地震的预防与应对措施有哪些？

地震发生时会引起强烈的地面振动及伴生的地面裂缝和变形，使各类建筑物倒塌和损坏，设备和设施损坏，交通、通信中断和其他生命线工程设施等被破坏，以及由此引起的火灾、爆炸、瘟疫、有毒物质泄漏、放射性污染、场地破坏等造成人畜伤亡和财产损失的灾害。因此，要在震前做好应急准备，震后迅速开展应急措施，以最大努力保护人民群众的生命和财产安全。

（1）临震前的应急准备

①保障临震急用物品物资。地震发生之后，水塔、水管往往被震坏，造成供水中断。食品、医药等日常生活用品的生产和供应会受到影响。为度过震后初期的生活难关，临震前社会和家庭都应准备一定数量的食品、水和日用品。

②划定疏散路线和避难场所。城市人口密集，人员避震和疏散比较困难，为确保震时人员安全，震前要就近划定群众避震疏散路线和场所。同时，因房舍被震坏，余震又不断发生，需要临时搭建防震棚作为临震避难场所。

③组织人员撤离并转移物品财产。得到正式临震预报通知后，各种公共场所应暂停活动，迅速、有序地动员和组织群众撤离公共场所及房

屋,及时将重要财产转移到安全区域,以便在抗震救灾中发挥作用。震前还应把易燃、易爆和有毒物转运到城外存放。

④合理安排生产、抢险。临震前,要配合上级政府要就地组织好抢险救灾队伍,包括医疗、灭火、供水、供电、通信等。在化工厂、煤气厂等容易发生地震次生灾害的单位,要加强监测和管理,设专人昼夜站岗和值班。

⑤做好家庭防震准备。已发布地震预报地区的各个社区应提醒居民必须做好家庭防震准备,帮助他们制订家庭防震计划,检查并及时消除家里不利防震的隐患,加固住房,合理放置家具、物品,准备好必要的防震物品,有条件的可以进行家庭防震演练。

(2)地震发生后的应急措施

社区根据灾情和抗灾救灾需要,可以采取以下应急措施:

①搜救人员。应急小组和广大群众开展自救互救,同时协助当地解放军、武警部队、地震、消防、建筑和市政等各方面救援力量,抢救被掩埋人员。加强与救援队伍之间的衔接和配合,合理划分责任区边界,遇到危险时及时传递警报,做好自身安全防护。搜救人员的顺序要合理,一般救多数人,救活着的人,遵循由浅入深、由外向内、先易后难、先重伤后轻伤、先救人后救物的原则。

②开展医疗救治和卫生防疫。协助应急医疗队伍赶赴现场,抢救受伤群众,必要时建立战地医院或医疗点,实施现场救治。加强救护车、医疗器械、药品和血浆的组织调度,特别是加大对重灾区及偏远地区医疗器械、药品供应,确保被救人员得到及时医治,最大限度地减少伤员致死、致残。统筹周边地区的医疗资源,根据需要分流重伤员,实施异地救治。同时积极开展灾后心理援助。及时对灾区水源进行监测消毒,加强食品和饮用水卫生监督;妥善处置遇难者遗体,做好死亡动物、医疗废弃物、生活垃圾、粪便等消毒和无害化处理;加强鼠疫、狂犬病的监测、防控

和处理,及时接种疫苗;实行重大传染病和突发卫生事件每日报告制度。

③安置受灾群众。开放应急避难场所,组织筹集和调运食品、饮用水、衣被、帐篷、移动厕所等各类救灾物资,解决受灾群众的吃饭、饮水、穿衣、住宿等问题;在受灾村镇、街道设置生活用品发放点,确保生活用品的有序发放;根据需要组织生产、调运、安装活动板房和简易房;在受灾群众集中安置点配备必要的消防设备器材,严防火灾发生。救灾物资优先保证学校、医院、福利院的需要;优先安置孤儿、孤老及残疾人员,确保其基本生活。鼓励采取投亲靠友等方式,广泛动员社会力量安置受灾群众。做好遇难人员的善后工作,抚慰遇难者家属;积极创造条件,组织灾区学校复课。

④抢修基础设施。协助相关部门抢通修复因灾损毁的机场、铁路、公路、桥梁、隧道等交通设施,协调运力,优先保证应急抢险救援人员、救灾物资和伤病人员的运输需要。抢修供电、供水、供气、通信、广播电视等基础设施,保障灾区群众的基本生活需要和应急工作需要。

⑤加强现场监测。协助灾区所在地抗震救灾指挥部安排的专业力量加强空气、水源、土壤污染监测,减轻或消除污染危害。

⑥防御次生灾害。加强次生灾害监测预警,防范因强余震和降雨形成的滑坡、泥石流、滚石等造成新的人员伤亡和交通堵塞;组织专家对水库、水电站、堤坝、堰塞湖等开展险情排查、评估和除险加固,必要时组织下游危险地区人员转移。加强危险化学品生产储存设备、输油气管道、输配电线路的受损情况排查,及时采取安全防范措施;对核电站等核工业生产科研重点设施,做好事故防范处置工作。

⑦维护社会治安。协助执法部门严厉打击盗窃、抢劫、哄抢救灾物资、借机传播谣言制造社会恐慌等违法犯罪行为;在受灾群众安置点、救灾物资存放点等重点地区,增设临时警务站,加强治安巡逻,增强灾区群

众的安全感;加强对党政机关、要害部门、金融单位、储备仓库、监狱等重要场所的警戒,做好涉灾矛盾纠纷化解和法律服务工作,维护社会稳定。

⑧开展社会动员。第一,根据灾区需求、交通运输等情况,向社会公布志愿服务需求指南,引导志愿者安全有序地参与救援工作。第二,根据灾区情况,及时向上级部门申请开展为灾区人民捐款捐物活动,并加强救灾捐赠的组织发动和款物接收、统计、分配、使用、公示反馈等各环节工作。

地震发生后的救人搜索方法有以下三种:

(1)人工搜索。人工搜索,就是向地震灾区派出搜索人员进行搜索,搜索人员用肉眼对建筑物或场地的空区进行评估,以发现任何可能存在幸存者的迹象。该方法不需要其他资源就能完成,但有其局限性:一是这种搜索方法的前提是幸存者能够听到呼叫,并有能力作出反应;二是营救人员工作时需要距潜在危险地区比较近,因此无法进入建筑物的所有空区,精确性较差。一般情况下,对于大片开阔的场地可以采用地毯式搜索,对于小范围内的重点地区可以采用旋转式搜索。

(2)搜索犬搜索。搜索犬灵敏的嗅觉可以发现废墟下已失去知觉的幸存者和失去行动能力的幸存者。但这种方法使用范围有限,应与其他搜索方法相结合。

(3)技术搜索。利用各种生命探测仪搜索,例如音频生命探测仪、雷达生命探测仪、光学生命探测器、热成像生命探测仪、全功能生命探测仪等,可以在各种气候情况下透过混凝土、砖、雪、冰和泥浆即时移动探测,帮助搜救人员迅速、准确、安全地发现仍然存活的遇险者,从而为营救工作争取到宝贵的时间。但生命探测仪无法确定具体人数,只能探测有生命迹象存在,无法确定是否为人的生命迹象。

59. 泥石流的预防与应对措施有哪些？

泥石流，是指在山区或者其他沟谷深壑、地形险峻的地区，因为暴雨、暴雪或其他自然灾害引发的山体滑坡，并携带有大量泥沙以及石块的特殊洪流。泥石流是一种灾害性的地质现象。

（1）泥石流的预防措施

①当发生暴雨、暴雪或其他自然灾害时，注意观察周围环境，特别留意是否有泥石流发生前的迹象。例如河流突然断流或水势突然加大，并夹有较多柴草、树枝；深谷或沟内传来类似火车轰鸣或闷雷般的声音；沟谷深处突然变得昏暗，并有轻微震动感等。当有如上情况出现时，要及时向有关部门报告。

②定期给居民进行泥石流灾害预防、救援等安全教育讲座。

③如有发生泥石流的可能，要及时提醒居民储备所需的食品、饮用水、交通工具、通信工具及雨具等。

（2）泥石流的应对措施

①当泥石流来临时，社区工作人员应组织居民尽快向沟谷两侧山坡或高地跑，不能沿着沟向上或向下跑，抛弃一切影响奔跑速度的重物，离开沟道、河谷地带；不在低洼处停留，不在土质松软、土体不稳定的斜坡停留，避灾场所不选择在泥石流滑坡的上坡或下坡，可以选择河谷两岸的山坡高处或者河床两岸高处且土质基底稳固又较为平缓的地方。

②应急救灾指挥启动应急预案后，要对重点灾情发生地段、易再次发生灾情地段进行专人分段巡视，发现异常情况应及时上报，迅速撤离还处在河道、冲沟、地质较软或松散等地段的人员，并对灾情中的受伤人员进行救护。

③监测当地的降雨过程和降雨量，或者收听当地天气预报信息，根据经验判断降雨激发泥石流的可能性；监测沟岸滑坡活动情况和沟谷松散土石堆积情况，分析未来泥石流的危险性。

④暴雨过后，泥石流仍会发生，需告知居民要等雨停后过一段时间方可返回，以及泥石流危险期内不要回泥石流发生地区居住。

知识链接

遇到泥石流时的自救方法如下：

(1)泥石流发生时，要马上与泥石流成垂直方向向两边的山坡上面跑，山坡越高越好，跑得越快越好，绝不能往泥石流的下游走。

(2)沿山谷徒步时，一旦遭遇大雨，要迅速转移到安全的高地，不要在谷底过多停留。

(3)注意观察周围环境，特别留意是否听到远处山谷传来打雷般的声响，如听到要高度警惕，这很可能是泥石流将至的征兆。

(4)要选择平整的高地作为营地，尽可能避开有滚石和大量堆积物的山坡下面，不要在山谷和河沟底部扎营。

60.滑坡事故的预防措施有哪些？

当出现连续性强降雨天气时，容易发生山体滑坡的地区要做好防灾工作，确保人民群众的生命财产安全，预防滑坡事故的发生。

(1)社区工作人员要对辖区其他可能出现安全隐患的地质灾害点进行全面核查，彻底消除安全隐患。

(2)应急值班人员应坚持24小时值班制度，24小时保持通信的畅通，确保人员到位，确保发现问题能立即处置并报告。

（3）加强宣传普及工作，通过发放宣传手册、设点讲解、居民家常会等活动，使更多的居民了解到滑坡危险和自救方法。

（4）可组织社区志愿队，动员辖区居民积极参与到社区防灾减灾和应急管理工作中来。

知识链接

发生滑坡事故后的自救互救方法有：

（1）人工呼吸。在施行人工呼吸前，应首先清除患者口中污物，取出口中的活动义齿，然后使其头部后仰，下颌抬起，并为其松衣解带，以免影响胸廓运动。人工呼吸救护者位于患者头部一侧，一手托起患者下颌，使其尽量后仰，另一手掐紧患者的鼻孔，防止漏气，然后深吸一口气，迅速口对口将气吹入患者肺内。吹气后应立即离开患者的口，并松开掐鼻的手，以便使吹入的气体自然排出，同时还要注意观察患者胸廓是否有起伏。成人每分钟可反复吸入16次左右，儿童每分钟20次，直至患者能自行呼吸为止。

（2）心脏按摩。如果患者心跳停止，应在进行人工呼吸的同时，立即施行心脏按摩。若有2人需抢救，则一人心脏按压5次，另一人吸气1次，交替进行。若单人抢救，应按压心脏15次，吹气2次，交替进行。按压时，应让患者仰卧在坚实床板或地上，头部后仰，救护者位于患卧一侧，双手重叠，指尖朝上，用掌根部压在胸骨下1/3处（即剑突上两横指），垂直、均匀用力，并注意加上自己的体重，双臂垂直压下，将胸骨下压3~5厘米，然后放松，使血液流进心脏，但掌根不离胸壁。成年患者，每分钟可按压80次左右，动作要短促有力，持续进行。一般要在吹气按压1分钟后，检查患者的呼吸、脉搏一次，以后每3分钟复查一次，直到见效为止。

61. 山体崩塌的预防及应对措施有哪些?

山体崩塌(崩落、垮塌或塌方)是指较陡斜坡上的岩土体在重力作用下突然脱离母体崩落、滚动、堆积在坡脚(或沟谷)的地质现象。多雨天气的山区,危险很大,山体很容易发生崩塌,而且发生突然,来势凶猛,破坏力巨大。那么,山体崩塌该如何预防呢?

(1)多雨天气时,联系有关部门并协助其消减水害。山体崩塌可以通过采取一定的措施进行预防,如加强边坡的修筑等。

(2)组织人员加强相关知识学习,熟练掌握相应自救常识,定期开展应急演练与培训。

(3)当发生山体崩塌时,及时了解和掌握灾情及现场救援动态,立即向上级部门汇报。

(4)当发生山体崩塌时,协调安置居民,然后上报并配合相关急救部门进行急救工作。

(5)发生山体崩塌后,立即组织人员快速开辟空阔场地和进出通道,确保有供急救平台和救援车辆进出的通道。

知识链接

通常崩塌发生前会出现一些预兆,比如周围出现裂缝或裂缝增长、增宽、掉块,发生小崩小塌,水质水量异常变化,发出怪声、怪气、怪味,树木东倒西歪,动物异常表现等现象。

另外,必须注意如下几点:

(1)不能心存侥幸,千万不能有"也许崩塌不会发生"的想法;要及时远离以及通知周围的居民、游客远离。

(2)崩塌即将发生或正在发生时,首先撤离人员,千万不要立即进行排土、清理水沟等作业，待灾情稳定以后再作处理。

（3）大雨过后，虽然天气转晴，但在5～7天内仍有可能发生崩塌灾害，因此，人员撤出后，虽然崩塌没有发生，也不要天气一转晴就急着搬回去居住。

62. 森林的防火工作该如何进行？

发生森林火灾时不但会烧毁成片的森林，伤害林内的动物，而且还会降低森林的繁殖能力，引起土壤的贫瘠并破坏森林涵养水源，甚至会导致生态环境失去平衡。严重的森林火灾不仅能引起水土流失，还会引起山洪暴发、泥石流等自然灾害。因此，要做好以下森林防火工作，确保森林资源，以及人民群众生命和财产安全。

（1）加强组织领导。成立森林防火工作领导小组。工作小组定期召开会议，及时传达人民政府的森林防火工作会议精神，对防火工作进行安排部署。

（2）加强动员宣传。通过广播、宣传栏、张贴宣传标语、入户座谈等方式，向群众宣传森林防火的相关政策，要求群众禁止野外用火、禁止燃放烟花爆竹，清明期间要文明祭扫，并号召群众积极发挥火情观察的瞭望点作用，一旦发现火情，及时向社区报告。

（3）加强巡查管理。由护林员和社区工作人员组成森林防火巡查队，严格值守制度，加强对辖区内的防火巡查工作。

（4）加强应急队伍建设。组织扑火应急队伍，配备灭火水桶、夜间探照灯等设施，并进行灭火训练，如有火情可及时应急灭火。

发生森林火灾时,扑火的方法有以下几种:

(1)冷却法。在燃烧的可燃物上洒水、化学药剂或湿土用来降低热量,让可燃物温度降到燃点以下,使火熄灭。

(2)隔离法。采取阻隔的手段,使火与可燃物分离、使已燃的物质与未燃的物质分隔。一般采取在可燃物上面喷洒化学药剂,或用人工扑打、机翻生土带、采用高速风力、提前火烧、适度爆破等办法开设防火线(带)等,使火与可燃物、已燃烧的可燃物与未燃烧的可燃物分隔。同时通过向已燃烧的可燃物洒水或药剂,也能增加可燃物的耐火性和难燃性。

(3)窒息法。通过隔绝空气使空气中的含氧率降低到14%~18%以下,而使火窒息。一般采用机具扑打,用土覆盖,洒化学药剂,爆破等手段使火窒息。

第五章　事故灾难预防与应对

63. 如何开展预防煤气中毒工作?

煤气中的主要成分是一氧化碳,它是一种无色、无味的刺激性的气体,微溶于水,人可能在不知不觉中吸入而引起中毒。煤气被人吸入肺中,与血红蛋白结合,生成碳氧血红蛋白,使血液失去运送氧气的能力,造成人体组织缺氧,发生一系列中毒症状。轻度的可有头痛头晕、恶心、四肢无力等;中度或严重者可出现昏迷、虚脱,常会并发脑水肿、肺水肿、心肌损害、心律紊乱、传导阻滞等,甚至危及生命,造成死亡。因此,社区开展的预防煤气中毒工作要从以下几个方面做起:

(1)统一组织,加强领导分工明确。成立以社区工作人员、辖区各单位负责人为成员的预防煤气中毒工作协调小组,对预防煤气中毒工作齐抓共管、做到任务明确,责任到人,制定工作方案,明确检查工作主体、工作对象、工作组织、工作内容及工作要求。

(2)提高认识,认真落实各责任制。充分认识预防煤气中毒工作的重要性,增强工作积极性和责任感;与辖区单位及住户(尤其是取暖户)签订《预防煤气中毒安全责任书》,做到底数清、情况明,并且保证每天至少一次进行安全检查;以多种形式加强预防煤气中毒宣传,在辖区主要路段悬挂宣传横幅标语、发放宣传材料进行预防煤气中毒宣传。

(3)深入开展宣传工作。严格按照预防煤气中毒工作标准开展工作,即有基础台账、有宣传材料、有检查影像、有责任书,有安全炉具,做到重点人群、重点部位情况明确。各检查小组应认真开展预防煤气中毒检查工作,做到对商户逐户进行检查,对检查中发现的隐患问题给予及时纠正。

(4)克服困难、狠抓落实。预防煤气中毒工作是一项系统工程,任务重、责任大、持续时间长。在预防煤气中毒工作时间段内,社区党委书记负总责,实行分片、包片管理,工作中克服困难,切实做到宣传、检查、措施等方面落到实处,确保预防煤气中毒工作取得实效。

知识链接

家中煤气发生泄漏的应对措施有:

(1)立即关闭燃具开关、关表前阀。

(2)勿动电器。打开和关闭任何电器,如电灯、排气扇、抽烟机、空调、电闸、有线与无线电话、门铃、冰箱等,都可能产生微小火花,引起爆炸。

(3)打开门窗。让空气流通,以便降低天然气浓度,避免发生危险。立即离开漏气场所,阻止无关人员靠近。

(4)到户外空旷处拨打煤气公司电话,及时寻求帮助。

64. 家庭火灾事故的预防工作有哪些?

一旦发生家庭火灾,不但影响家庭正常生活,还会殃及周围邻里,带来不良后果。因此,社区要做好以下预防工作,以免家庭火灾事故的发生。

(1)社区领导小组组织社区工作人员针对火灾事故进行安全讨论活

动,进行相互经验交流,使每位工作人员充分认识到安全防火的重要性。

(2)安排社区工作人员认真学习消防知识,要求其发现火灾时要及时扑救,及时上报,做好现场保护。

(3)认真做好消防安全宣传教育工作,全面提高辖区人民群众的防火意识。

(4)认真做好入户防火安全检查,认真填写检查记录和整改记录,杜绝不安全因素,消除事故隐患。

(5)按时维护和保养好消防器材和设备,消防器材合格率要到达100%,并提醒人民群众不要无故挪动和使用消防器材。

(6)要求社区工作人员坚守岗位,履行职责,切实加强节日期间的值班、信息反馈工作,保证各项工作正常运行。

(7)定时组织开展应急预案演练,举办小型灭火演练,使社区工作人员懂得消防器材的使用方法,使其能够正确使用消防器材,及时消灭火灾。

知识链接

发生家庭火灾的常见原因如下:

第一,吸烟乱扔烟头。日常生活中,部分居民有卧床吸烟或乱扔烟头的坏习惯,极易引起火灾。另外,烟灰在弹落时有一部分不规则的颗粒,带有火星也会引起火灾。落在干燥疏松的可燃物上,同样能引起火灾。

第二,生活用火不慎。日常生活中,部分居民安全意识薄弱,在生火做饭时因临时处理其他事项离开厨房,明火无人看管,导致饭锅烧干、油锅烧着,极易引发火灾。此外,炉火与可燃物未保持安全距离也容易引发火灾。

第三,电气安装不当。主要表现为:安装电气线路不符合规范标准,电器超负荷使用，导线之间连接不牢固，插头松动，电线陈旧老化、破损，年久未修换导致短路起火；电热器或灯泡与可燃物距离过小或使用时间过长烤燃可燃物。

第四，注意小孩玩火。小孩玩火年龄一般在 5～12 岁。他们大多趁大人不注意时，模仿家长使用火种做“烧饭游戏”，在床底下划火柴、点蜡烛照明找东西，焚烧废纸等，一旦将其他可燃物引燃，便会惊慌失措，由于缺乏自防自救能力，容易造成火势扩大和人员伤亡。

第五，家庭违规充电。电动车火灾致人员伤亡的 90% 是因将其置于门厅或过道。将电动车放在楼道内，直接把逃生通道切断了。一旦电动车燃烧起来，毒烟以每秒 1 米的速度快速向上，所以电动车着火很快会导致整幢楼陷入毒烟密布的状态，极易造成人员伤亡，甚至群死群伤火灾事故。

65. 高楼失火的预防工作有哪些？

高楼即高层建筑，超过 10 层的住宅建筑和超过 24 米高的其他民用建筑被称为高楼。高楼火灾具有火势蔓延快、疏散困难和扑救难度大的特点，由于高楼结构复杂、人员密集，一旦失火难以控制和逃离。因此，社区要及时做好高楼失火的预防工作，以免悲剧的发生。

（1）安排人员在辖区内各楼层巡逻，或要求辖区内的物业公司重点检查各楼层安全门、楼梯及通道是否保持畅通，不得有封闭、加锁或堵塞的情况发生，一旦发现立即拆除。

（2）楼房窗户不应装置防窃铁栅或广告牌等阻塞逃生的路途，如发现应立即拆除。

(3)高楼楼顶平台为临时避难场所,除蓄水池与瞭望台外,不可加盖房屋或作其他设备,以免影响逃生。如有发现应立即联系城管部门予以拆除。

(4)缺水或消防车抢救困难的地区,应配置灭火器材或备好充足的消防用水。

(5)对辖区内楼层的单位及居民进行防火知识宣传,提高单位及居民的防火安全意识;检查单位的防火工作,要求其员工掌握消防知识以及制定灭火和应急疏散预案。

知识链接

在高层建筑发生火灾后,由于习惯心理,多数人会往电梯跑,想从电梯逃离火场,往往会导致以下后果:

(1)普通电梯没有防水防火性能,火灾时轿箱容易因高温失控,甚至变形卡住,即使没有失控也会由于射水引起电器故障,有的还会有触电的危险。

(2)电梯口直通大楼隔层,火场上极易形成“烟囱效应”,烟气涌入电梯井,使人在电梯里被浓烟毒气熏呛窒息导致死亡。

(3)当楼内的电器线路被烧毁或断电时,电梯便会停在楼层中间。一方面不利于电梯内人员逃生,另一方面也有碍于外面抢险人员实施营救,极易酿成人员伤亡事故。

(4)电梯的荷载能力有限,在火灾情况下大量人员集中涌到电梯中,易发生挤压、超重和经常停靠而无法迅速安全逃离的情况。

66. 爆炸事故发生时，应急处置工作有哪些？

爆炸事故是人们在生产活动中由于不认识物质的危险特性或违反了正常生产操作，而意外地发生了突发性大量能量的释放，并伴有强烈的冲击波、高温高压和地震效应的事故。

爆炸事故发生时，应急处置工作应包括以下内容：

(1)当爆炸事故发生后，应急值班室值班人员应立即报告给社区领导，并对事故现场进行警戒。社区领导立即报告应急指挥部，请其应急救援小组立即赶赴现场，并拨打“119”报警。

(2)立即组织人员将事故现场附近储气罐、压力容器所有阀门迅速关闭或采取堵漏，对可燃气体或油类应用沙石或二氧化碳、干粉等灭火剂进行灭火，同时设置隔离带以防火灾事故蔓延。

(3)根据事故现场情况，判断是否可能发生再次爆炸，如有再次爆炸的可能，应立即设置警戒线，将所有人员撤离至警戒线外。

(4)对受伤人员立即实行现场救护，伤势严重的立即送往附近医院。根据事故现场情况，判断是否可能发生再次爆炸，撤离所有人员至安全地带。

(5)当爆炸引起建筑物发生坍塌，造成人员被埋、被压的情况，应在确认不会再次发生同类事故的前提下，立即组织人员进行抢救。

(6)当发现有人员受伤时，拨打“120”与当地急救中心取得联系，详细说明事故地点、严重程度、联系电话，并派人到路口接应。

知识链接

遇到爆炸事故逃生时应注意的事项：

(1)一旦发生爆炸事故，首先要做的是迅速撤离危险区域，来到安全地带，尽量屏住呼吸，以免吸入有害气体和烟雾，如衣服着火时，要迅速脱掉或在地上翻滚，千万不要考虑财产，人身的安全才是最重要的。

（2）爆炸中，对人体的伤害来自两部分，冲击波的伤害和爆炸中产生的有毒气体。一旦发生爆炸，第一时间是抱头趴下，屏住呼吸，随后等巨响过后及时撤离现场。不要停留，以最快的速度赶紧撤离。撤离时，以半蹲姿势或者是爬行姿势，用布类物品捂住嘴巴，也不要过于慌张，注意前面障碍物的碰撞，注意撤离时应防止互相踩踏。

（3）在爆炸有其他物质侵入身体时，千万不要拔出异物，否则会造成流血过多而休克，要做的就是用湿布覆盖受伤的地方，拨打“120”，等待救援人员救助。

67. 触电事故的预防及应对工作有哪些？

触电事故，是指人体接触带电物质，因电流造成损伤。被触电后主要症状有：灼伤、强烈的肌肉痉挛等影响呼吸中枢及心脏，引起呼吸抑制或心跳骤停；严重者可致残，危及生命。因此，要做好触电事故的预防及应对工作。

触电事故的预防及应对工作包括以下内容：

（1）应急领导小组针对电击事故制定应急预案。

（2）邀请急救执证人员为全体工作人员进行心肺复苏术的培训，讲解并演示胸腔按压和口对口人工呼吸操作注意事项，使每一名社区工作人员掌握应急救援知识。

（3）定时组织开展应急预案演练，使社区工作人员更好地掌握触电事故发生后的处理步骤和临时救助常识强化应对触电安全事故的应急处置能力，提高其快速反应能力、自救互救技能，加强居民的安全用电意识，杜绝与防止触电事故的发生。

（4）当发现触电人员后，立即断开电源并拨打“120”，并向上级部门汇报现场情况。

（5）当触电事故发生时，应急小组立即行动，对触电人员进行心肺复苏术，并在最短的时间内做到拉警戒线、疏散交通，引导救护车及医护人员救援、事故调查等一系列工作。

知识链接

触电事故发生时，应急要点包括以下几点：

（1）立即切断电源。若无法及时找到电源或断电有困难，可用干燥的木棍、竹棒等绝缘物挑开电线，使触电者迅速脱离电源。

（2）切勿直接触及触电者，切勿用潮湿的物件搬动触电者，切勿用潮湿的工具或金属物质拨电线。

（3）触电者脱离电源后，将其上衣和裤带放松，检查其有无呼吸，颈动脉有无搏动，并立即呼叫120急救中心。

68. 预防溺水的工作有哪些？

天气炎热的时候溺水事故就会频发，切实保障社区居民安全，避免溺水事故发生，应做好以下预防溺水工作：

（1）加强领导，落实责任。召开社区防溺水工作专项动员会，传达上级加强防溺水工作的精神及要求，分析近期发生的溺水事故，制定防溺水工作实施方案,探索建立安全预警机制。工作实施方案下发至各网格,要求各网格对照文件,明确责任分工,细化任务要求,抓好贯彻落实相关任务。

(2)加大宣传,提高认识。利用各网格电子显示屏、公示栏、横幅、微信群等载体宣传防溺水工作;在小区门口、广场等人流量大的地方发放防溺水宣传单,让防溺水知识深入人心,固牢安全防线;联合辖区民警、青年志愿者入户宣传防溺水安全知识。

(3)多措并举,强化督查。组织全体网格员、物业公司工作人员,对辖区内坑塘、水系进行拉网式排查,做到不留死角。在辖区内危险水域设置醒目的警示牌,做到警示标识牌醒目,实行全覆盖。建立日常巡查机制,网格员每天负责对各自辖区内水域情况进行巡查,对易发生溺水事故的水系进行重点巡查,并认真做好巡查记录,确保防溺水工作落到实处。

知识链接

夏季是溺水事件发生的高峰期,每年全国各地的溺水事件屡有发生,特别是儿童,他们常常会在没有大人的情况下私自下水,因此,要使他们牢记以下“六不准”:

(1)不准私自下水游泳。

(2)不准擅自与他人结伴游泳。

(3)不准在无家长或老师带队的情况下游泳。

(4)不准到不熟悉的水域游泳。

(5)不准到无安全设施、无救护人员的水域游泳。

(6)不准不会水性的学生擅自下水施救。

69. 危险化学品事故的预防及应对工作有哪些？

（1）危险化学品事故的预防工作

危险化学品通常具有易燃、易爆的危险特性，危险化学品一旦发生火灾和爆炸事故，对人员和财产安全往往会造成惨重损失，因此火灾和爆炸事故也成了危险化学品事故的主要危害形式，而危险化学品超温、超压和泄漏往往是火灾爆炸事故发生的根源。因此，要在根源上做好危险化学品事故的预防工作。

为清查辖区安全隐患，防范危险化学品事故的发生，将安全隐患扼杀在萌芽状态，增强辖区居民的安全意识，保障辖区居民群众的生命财产安全，社区应定期开展危险化学品安全生产大排查，对辖区内易燃、易爆等涉及危险化学品运营的企业、单位、商铺进行安全“体检”。在排查工作中，社区工作人员主要对涉及单位的安全生产相关制度、负责人及员工安全教育培训情况，应急救援预案、消防设施管理，是否使用危险化学品以及燃气钢瓶使用等情况，进行督导检查。在检查中，社区工作人员应详细询问企业内危险化学品的使用和存储状况；要求对过期的灭火器、钢瓶等立即更换，严格执行危险化学品的使用规范；要求相关企业、商户要落实好安全生产责任，强化企业安全意识，确保无事故发生。

通过开展危险化学品安全检查工作，为预案编制提供基础资料，为事故应急救援工作提供有力保障，并且进一步增强企业、商铺红线意识，切实把安全生产各项工作落到实处，为辖区社会生产、生活秩序平安稳定打下坚实基础。

（2）危险化学品事故的应对工作

危险化学品容易发生火灾、爆炸事故，但不同的化学品以及同一化学品在不同情况下发生火灾时，其扑救方法差异很大，若处置不当，不仅不能有效扑灭火灾，反而会使灾情进一步扩大。因此，在应对危险化学品发生火灾时应采取以下应对措施：

第一，应迅速查明燃烧范围、燃烧物品及其周围物品的品名和主要危险特性、火势蔓延的主要途径，查明燃烧物及燃烧产物是否有毒。

第二，在火灾尚未扩大到不可控制之前，应使用适当移动式灭火器来控制火灾。迅速关闭火灾部位的上下游阀门，切断进入火灾事故地点的一切物料，然后立即启用现有各种消防设备、器材扑灭初期火灾和控制火源。

第三，对周围设施采取保护措施。为防止火灾危及相邻设施，必须及时采取冷却保护措施，并迅速疏散受火势威胁的物资。

第四，扑救危险化学品火灾绝不可盲目行动，应及时联系消防部门，在消防人员的指导下选择正确的灭火剂和灭火方法协助他们救援。

第五，警戒区域的边界应设警示标志，并有专人警戒。除消防、应急处理人员以及必须坚守岗位的人员外，其他人员禁止进入警戒区。

知识链接

当危险化学品事故发生时，应注意以下事项：

(1)发生危险化学品火灾时，灭火人员不应单独灭火，出口应始终保持清洁和畅通，要选择正确的灭火剂，灭火时还应考虑人员的安全。

(2)危险化学品火灾的扑救应由专业消防队来进行，其他人员不可盲目行动，待消防队到达后，介绍物料介质，配合扑救。

(3)当危险化学品发生泄漏时，应在报警的同时尽可能切断泄漏源。

(4)化学品事故的特点是发生突然，扩散迅速，持续时间长，涉及面广。一旦发生化学品事故，往往会引起人们的慌乱，若处理不当，会引起二次灾害。

70. 烟花爆竹伤害的预防工作有哪些？

烟花爆竹是指以烟火药为主要原料制成，引燃后通过燃烧或爆炸，产生光、声、色、型、烟雾等效果，用于观赏，具有易燃易爆危险的物品。烟花爆竹的危害远远大于其好处，尤其是在城市，污染环境、引起火灾、炸伤眼睛……因此，在社区内开展禁止燃放烟花爆竹工作是非常必要的。具体有以下工作内容：

（1）向居民发放禁止燃放烟花爆竹的宣传单，并通过社区微信群、广播、小喇叭等方式，告知居民燃放烟花爆竹的危害，提高社区居民禁放意识。

（2）充分利用 LED 电子显示屏，滚动播放禁放标语和海报，营造良好的禁放氛围。

（3）专门组织居民小组长、社区网格员、联防队员、物业管理人员和居民志愿者，开展禁放烟花爆竹工作会议，要求参会人员春节期间加强值守，杜绝辖区内燃放烟花爆竹的行为。

（4）将组织志愿者成立义务禁放宣传巡逻队，在春节期间持续开展禁放烟花爆竹宣传巡逻。加强对社区重点区域的巡查，及时制止燃放烟花爆竹的行为。

知识链接

燃放烟花爆竹造成的危害如下：

第一，引起火灾。特别是在城区，建筑越来越高，人口相对密集，高空烟花等的燃放极易引发火灾，直接危害人民群众的生命财产安全。我国每年春节燃放烟花爆竹引起的火灾有数千起，包括大楼着火、森林火灾等，教训十分深刻。

第二，人员伤亡。春节期间是烟花爆竹致伤的高发期，大多都是炸伤脸部、眼睛,炸断手指等,甚至死亡。对老人和近距离燃放花炮者可能造成永久性的伤害——耳聋。

第三,噪声污染。燃放烟花爆竹产生的巨大噪音,使老人难以安睡,病人胆战心惊,学生无法静心学习、休息。燃放烟花爆竹时发出的突然巨响使行人受到惊吓,对患有心脏病的人来说,这种惊吓可能导致十分严重的后果。

第四,空气污染。燃放烟花爆竹会产生有害气体,使人引起气管炎等呼吸系统疾病;在空气中形成的酸雨,造成森林死亡,农作物减产或死亡;会使空气重度污染,PM2.5 严重超标至数十倍,使雾霾加重。

第五,资源浪费。把宝贵的纸张资源(树木)、化工原料(包括生产这些原料时造成的污染)都燃放掉,使大街小巷满地狼藉,给环卫工人增添了严重负担。

71. 踩踏事故发生时的应急措施有哪些?

踩踏事故,是指在聚众集会中,特别是在整个队伍产生拥挤移动时,有人意外跌倒后,后面不明真相的人群依然在前行,对跌倒的人产生踩踏,从而产生惊慌、加剧的拥挤和更多的跌倒人数,并恶性循环的群体伤害的意外事件。

踩踏事故发生时的应急措施主要有以下方面:

(1)疏导人员到指定地点后,要用镇定的语气呼喊,劝说人们消除恐惧心理,稳定人们的情绪,使大家能够积极配合工作,按批定路线有条不紊地进行疏散。

(2)在接到安全事故报警后,指挥人员要立即开启应急事故广播系统,将指挥员的命令、事故情况、疏散情况进行广播。广播内容应包括:事故发生的地点及情况,需疏散人员的区域,指明比较安全的区域、方向和标志,指示疏散的路线和方向,对已被困人员要告知他们救生器材的使用方法,以及自制救生器材的方法。

(3)如果事故现场直接威胁人员安全,工作人员采取必要的手段强制疏导,防止出现伤亡事故。在疏散通道的拐弯岔道等容易走错方向的地方,设疏导人员,提示疏散方向,防止误入死胡同或进入危险区域。

(4)对疏散出来的人员,要加强脱险后的管理,防止脱险人员对财产和未撤离危险区的亲人生命担心而重新返回事故现场,必要时,在进入危险区域的关键部位配备警戒人员。

(5)有关救援队伍到达事故现场后,疏导人员若知晓内部有人员未疏散出来,要迅速报告,介绍被困人员的方位、数量以及救人的路线。

知识链接

疏散人员应遵循的疏导顺序:

(1)疏散按照先事故点(层),后以先上层、再下层的顺序进行,以安全疏散到地面为主要目标。

(2)安排事故威胁严重及危险区域内的人员疏散。疏救中,应按先老、弱、病、残、孕,最后为救助人员疏散的顺序。

(3)发扬团结友爱精神,尽力帮助更多的人员撤离事故现场。

(4)疏散、控制事故现场,为安全疏散创造有利条件。

(5)逃生中注意自我保护,学会逃生的基本方法,工作人员应指导疏散人员,正确运用逃生方法尽快撤离事故现场。

(6)注意观察,找到安全疏散标志,按其指引方向,尽快疏导人员撤离事故现场。

72. 电梯事故应如何预防?

近年来电梯事故时有发生,会让一些居民没有安全感,当电梯发生故障时会产生恐慌。因此,要做好电梯事故的预防工作。

电梯事故的预防工作应包括以下内容:

(1)对小区的电梯使用定期检验报告,电梯管理制度是否完善、电梯每周检查保养记录、电梯设备机房日常安全检查表等一系列检查。

(2)向居民发宣传单,宣传电梯逃生安全知识和应急技巧,同时调查物业公司工作人员是否具备处理突发事故的能力。

(3)为增强广大人民群众的安全意识,提高电梯突发事故应急处置救援水平,社区应联合物业公司、电梯公司、志愿者开展电梯应急救援演练活动。

知识链接

遇到有故障的电梯自救方法如下:

(1)上下的过程之中,电梯突然停止,我们可以看到电梯的轿厢中有电话,还有一个警铃,或者我们可以通过随身所携带的手机进行求救。

(2)如果电梯在下坠,这时候不管身处哪一层,都应立即把每一层都按一下,同时将身体紧贴墙壁,这样能够有效地保护我们的脊椎。

(3)很多电梯带有扶手,在下坠的过程中需要握紧扶手,防止因为重心不稳而摔倒。另外蹲下来的时候,膝盖应该呈弯曲的姿势,防止下坠的过程之中产生压力,脚尖要点地,脚后跟要抬起,这样能够减小下坠的冲力。

(4)等到稳定之后一定要保持冷静,不能够把门打开或者从上面逃生,这样是非常危险的,电梯可能突然开启再发生坠落的事故。

(5)电梯停电不能够运行时,不用担心氧气不足,因为电梯里面并不是密封的装置,有排风口。可以把底部的排风口暴露出来,通风效果会更加好。

(6)电梯停运的时候不宜在电梯里大喊大叫,不然会损害体力。也不要随意跳动,要不然电梯可能会继续往下坠。

73. 游乐设施安全隐患排查工作应如何进行?

社区范围内的儿童娱乐设施及健身器材深受居民喜爱,每天都会有很多老人带着孙辈前去玩耍。由于器材使用频率高,又因长期日晒雨淋等原因,部分器材存在安全隐患。

社区应定期组织党员、志愿者对设施的稳固程度、轴承转动情况、零部件之间衔接的螺钉螺母是否紧固、零件磨损等情况进行排查,然后将情况进行汇总上报,并告知相关单位及时做好健身器材的维修、健身场地的维护和卫生清洁工作;在有安全隐患的器械上张贴告示,提示居民注意,确保居民玩乐、健身锻炼时的人身安全,避免意外事故发生。

知识链接

社区内一些娱乐设施深受孩子们的喜欢。但是这些设施也存在着安全隐患,除了设施本身的原因,还有孩子自身的原因。因此,社区工作人员在进行公共安全教育时,要提醒家长在孩子们在玩耍时一定要跟在旁边,以防意外发生。下面简单介绍一下容易发生意外的娱乐设施。

(1)秋千。基本上每个小区都有秋千,而且秋千格外受孩子们的喜爱。但是秋千存在着很大的安全隐患,特别是秋千的链条特别容易出事,如被秋千链条勒住脖子或被链条夹伤等。

(2)跷跷板。像跷跷板这种需要两个人才能玩的游乐设施其实更加危险,因为在玩的时候很难预料其中一个孩子会不会突然从跷跷板上离开。一旦有一个孩子突然离开,那么剩下的那个孩子很容易从跷跷板上摔下来。

(3)滑梯。现在的滑梯有许多功能,不仅能让孩子获得乐趣,还能锻炼孩子的攀爬能力等多项运动技能。但是在玩滑梯的过程中,很容易发生挤压、踩踏、抢夺等事件。

(4)单双杠。孩子一般对小区里的单双杠没有很大的兴趣,但是难免会有几个孩子吊在上面。然而孩子的力气毕竟有限,当体力透支时很容易摔下来。

(5)沙坑。有些家长觉得沙坑没什么危险,即使摔了也不疼,其实不然。或许沙坑里面藏了一些树枝、铁丝等硬物,此外沙子飞溅的时候如果飞入孩子眼中,容易对孩子眼睛造成极大伤害。因此,社区工作人员还应在这类娱乐设施附近贴上警示标语,以此提醒孩子和家长。

74. 水污染的防治工作有哪些?

社区发生水污染事件大多是因为社区居民在生活和生产活动中向社区内的水源排放有毒有害液体,改变了天然水的物理、化学和生物学的性质与组成,影响人类对水的利用,从而危害了人体健康。为改善水环境质量,保障饮用水源安全,促进环境与经济协调发展,社区应开展以下水污染防治工作:

（1）深入推进法制宣传活动，派发排水许可证办事指南、雨污分流规范排水手册，着重宣传相关法律法规及排水许可证相关业务办理流程，引导辖区企业排水户规范排水行为。

（2）严厉打击偷排、直排、乱排行为，定期对辖区内的餐饮、汽修等涉水污染企业的污水偷排、直排、乱排问题进行集中整治，从源头整治水污染行为。

（3）加大日常巡查排查力度，定期督查污水违规排放执法专项行动的开展情况，保持打击污水偷排偷放违法行为的高压态势。

（4）通过悬挂横幅、摊位游戏等方式向居民宣传《中华人民共和国水污染防治法》及水污染防治相关知识，呼吁社区居民坚持健康、环保的生活方式，提高自身环保意识的同时，监督身边人不乱丢垃圾、不乱排污水、节约用水，参与水污染防治。

知识链接

水体因某种物质的介入，而导致其化学、物理、生物或者放射性等方面特性的改变，从而影响水的有效利用，危害人体健康或者破坏生态环境，造成水质恶化的现象。水污染主要是由于人类排放的各种外源性物质（包括自然界中原先没有的）进入水体后，超出了水体本身自净作用（江河湖海可以通过各种物理、化学、生物方法来消除外源性物质）所能承受的范围的一种现象。

第六章　公共卫生事件预防与应对

75. 如何预防蛇咬伤事件的发生？

在居民区偶尔会发现蛇出现的状况，因此也会偶尔发现被蛇咬伤事件。防止被蛇咬伤，主要有以下措施：

（1）社区工作人员收到居民在社区内发现蛇的信息后，应立即联系相关部门前往蛇出没的地方进行抓捕；同时还要在辖区范围内的草丛进行排查，看是否还有蛇的踪迹，发现后立即抓捕。

（2）组织社区工作人员、志愿者在小区居民楼周边撒下驱蛇粉，建起守护“防线”，消除安全隐患。

（3）提醒广大居民，为了自身安全，特别是低层住户，外出时关好门窗。家里发现蛇，绝对不可以徒手抓，可在家里撒上雄黄，把蛇熏走，也可拨打“110”或森林公安报警电话，由专业捕蛇民警来擒拿。

（4）联合医院进行蛇伤防治知识宣传，让居民学习并掌握被蛇咬伤后如何立即进行最便捷、最简单、最有效的处理办法控制。另外，还要嘱咐居民简单处理后需迅速到医院进行治疗。

知识链接

被蛇咬伤后的救治方法如下：

（1）被毒蛇咬伤后不要剧烈奔跑，以减慢人体对蛇毒的吸收和蛇毒在人体内的传播速度，减轻全身反应；记住伤口的形态，详细告知急救的医务人员。如有机会,将蛇用手机拍照,或者记住蛇的特征,以便医务人员及时、正确地予以治疗。

(2)被毒蛇咬伤后,应立即用柔软的绳或带结扎在伤口上方,以阻断静脉血和淋巴液的回流,减少毒液吸收,防止毒素扩散。

(3)立即用冷茶、冷开水或泉水冲洗伤口,有条件的话可用生理盐水、肥皂水、双氧水、千分之一的过锰酸钾溶液等进行冲洗。

(4)施行刀刺排毒,用清洁的小苗刀、痧刀、三棱针或其他干净的利器挑破伤口,不要太深,以划破两个毒牙痕间的皮肤为原则,或在伤口周围的皮肤上,用小苗刀挑数孔,刀口如米粒大小,使毒液外流,刀刺后应马上清洗伤口,从上而下向伤口不断挤压15分钟左右,挤出毒液。

(5)如果伤口里的毒液不能畅通外流,可用吸吮排毒法,采用拔火罐、针筒前端套一条橡皮管来抽吸毒液,无工具时可直接用嘴吸吮,但必须注意安全,边吸边吐,每次都用清水漱口。注意:口内不能有伤口,用嘴吸毒并不是好方法,吸毒的人也可能因此中毒。

(6)立即拨打“119”,“119”并不只是火警电话,当你遇到较大的危难时,同样可以打“119”。“119”得到消息,立刻会派人去救援;如果被蛇咬到,会送患者到有血清的医院进行治疗。

76. 如何预防狂犬病的传播?

随着居民生活水平的日益提高,养狗的家庭越来越多,“文明养犬”成为人们普遍关心的问题。为了提高社区居民的文明养犬意识以及预防狂犬病的传播,社区应开展以下工作:

第一，通知辖区内养宠物的居民及单位按照规定定期给狗接种狂犬病疫苗。

第二，向养狗居民发放文明养犬倡议书，提醒居民遛狗时要牵狗绳，自觉维护社区环境卫生，主动避让行人和车辆，避免犬只近距离接触小孩、老人、孕妇等特殊群体。

第三，开展狂犬病防控知识宣传服务，向社区居民发放狂犬病预防手册，对居民讲解养犬方面的问题，并提醒居民被狗咬到时要立即去防疫站接种疫苗。

知识链接

《中华人民共和国动物防疫法》第三十条中关于单位和个人饲养犬只的规定如下：

单位和个人饲养犬只，应当按照规定定期免疫接种狂犬病疫苗，凭动物诊疗机构出具的免疫证明向所在地养犬登记机关申请登记。

携带犬只出户的，应当按照规定佩戴犬牌并采取系犬绳等措施，防止犬只伤人、疫病传播。

77. 食物中毒的防控工作有哪些？

食品安全影响着每个人的日常生活和健康，近年来食物中毒的事故频发，因此要做好食物中毒的防控工作。

食物中毒的防控工作主要有以下方面：

(1)社区领导及专干应召开社区食品安全工作会议，认真安排部署全社区食品安全工作，及时听取队长、居民代表、党员的汇报，对各店铺遇到的问题及时亲临现场进行调查并及时予以解决。

(2)定期对辖区一些店铺进行检查及督导,检查食品经营者有无进货台账、是否存在“三无”、过期、变质、假冒伪劣等食品;在检查过程中对食品经营者宣传《中华人民共和国食品安全法》的相关规定,强化他们的食品安全责任意识。

(3)积极联系工商和城管,定期开展执法,以鼓励为目的,以处罚为督促加强各店铺的法律意识和安全意识。

(4)加强对学校、集体用餐单位、大型聚餐活动的检查,重点检查食堂从业人员的从业资格及食品加工环境、食品储藏和餐饮器具消毒等情况,督促食堂及厨师严格落实食品进货验收制度和索证索票制度,杜绝无卫生许可、超范围经营现象。

(5)通过开展宣传咨询、安全教育等活动,向居民介绍如何认识食物中毒的相关特性,提高自我保护意识,预防食物中毒等基本常识,同时提醒居民要谨慎选购包装食品,认真查看包装标识、食品标签等内容,提高居民对食品安全的防范意识和自我保护能力。

(6)联合有关部门对农产品生产环节、食品生产流通环节、日常生活必需的肉制品、蔬菜、食品植物油、饮料、调味品等定期与不定期抽样检查,重点突出超市、批发市场、集贸市场、干货店、卤肉店等重点场所。

知识链接

避免食物中毒的方法有:

(1)不吃不新鲜或有异味的食物。

(2)不自行采摘蘑菇、鲜黄花菜或不认识的植物食用。豆角一定要炒熟后再吃,不吃发芽的土豆。不吃霉变甘蔗、霉变红薯。不喝生豆浆。不吃有异味的或没有检验合格证的蜂蜜。

(3)生熟食品要分开存放,水产品以及肉类食品应炒熟后再吃。

(4)不用饮料瓶存放化学品。存放化学品的瓶子应该有明显标志,并置于隐蔽处,避免儿童由于辨别不清而饮用。

78. 农药中毒的预防及应对工作有哪些?

农药主要是指用以消灭和阻止农作物病、虫、鼠、草害的物质或化合物及卫生杀虫剂等的总称。如按照农药化学结构特点,可分为无机农药和有机农药,有机农药又可分为多种,如有机氯、有机砷、有机硫、有机磷等;按照农药的作用方式可分为内吸剂、触杀剂、胃毒剂、熏蒸剂等;按用途、原料和毒性主要分为杀虫剂、杀菌剂、除草剂、杀鼠剂等。这些农药的应用,在农业、畜牧业及公共卫生等各方面都起到了积极的作用。

但随着农药的长期、广泛和大量的使用,使环境污染日益严重,由其引起的中毒等事件也逐渐增多,成为目前中毒和意外死亡的主要病因之一。人在接触农药过程中,农药进入机体的量超过了正常人的最大耐受量,使人的正常生理功能受到影响,引起机体生理失调和病理改变,表现出一系列的中毒临床症状。因此,要做好农药中毒的预防及应对工作。

(1)农药中毒的预防工作

①加强对生产、保管、使用等人员预防农药中毒知识的宣传,提高重点人员的防护意识和防护水平。

②督促有关单位完善安全生产管理制度,要求其不断改善农药生产设备、工艺,严格操作规程,杜绝跑、冒、滴、漏现象和事故发生。

③要求有关人员在农药运输中,严格专车(船)装运,专库(柜)保存、专架销售、配药容器及施药器具专用,并明示警告标志,防止污染或

误用。

④要求有关人员严格遵守农药施药规定,正确掌握配药或拌种药液用量和浓度,防止超量使用或滥用。

⑤督促有关单位定期对农药生产工人进行体检和健康监护,及时防止农药对接触者的健康危害。

(2)农药中毒的急救措施

①尽快让中毒者离开现场,根据中毒者情况采取相应的措施,对中毒严重者采取急救措施后带上农药包装物或标签尽快就近送医院治疗。

②如果中毒者呼吸停止,应及时进行人工呼吸,直到中毒者能自主呼吸为止。对农药熏蒸剂中毒者只能给氧,禁止人工呼吸。

③有人因接触有机磷农药中毒时,应立即把中毒者抬到空气新鲜的地方,脱去被污染的衣服。

④用肥皂水或3% ~5%的苏打水彻底洗去皮肤上的药液(敌百虫中毒时禁用,敌百虫遇碱后转化为毒性更高的敌敌畏)。然后用温水擦洗干净。注意不要用热水或酒精擦洗,以免加剧毒物吸收。洗涤后用洁净的布或毛巾擦干,穿上干净衣服并注意保暖。

⑤若眼睛沾到农药,可用生理盐水或1%的苏打水冲洗(冲洗15分钟以上),冲洗时把眼睑撑开,然后滴入1%阿托品1~2滴。清洗后,用干净的布或毛巾遮住眼睛休息。

⑥吸入农药,身体感到不适时,应立即到空气新鲜、通风良好的安全场所,脱去被农药污染的衣物等,解开上衣纽扣和松开腰带,使呼吸畅通。用干净水漱口和肥皂水洗手、洗脸,注意身体保暖。

⑦吞服农药引起中毒的,吞服量较大时,一般应立即催吐或洗胃,而不要先用药物治疗。如吞服农药量少或难于催吐,一般采用无机盐类泻药。神志清醒者可口服清水或2%苏打水400~500毫升,然后催吐,反

复多次,直至吐出的液体无特殊气味为止。

⑧对神志不清或拒不合作的中毒者,可将他的口撑开,在其上、下齿之间垫上软的东西,然后用洗胃管洗胃。

知识链接

导致农药中毒的原因如下:

(1)在生产过程中,由于设备工艺落后,密闭不严,出现跑、冒、滴、漏,或在农药包装时徒手操作、缺乏防护措施,或在运输、储存、销售中发生意外,致农药污染环境或皮肤,经呼吸道吸入或皮肤吸收而中毒。

(2)农药在使用时,违反安全操作规程和缺乏个人防护意识,或使用方法不当及滥用,经呼吸道或皮肤黏膜吸收中毒。

(3)在日常生活中,食用被农药污染的食物,或误用、误食及自服、他杀、投毒等,均可经消化道吸收引起中毒。

79. 禽流感的预防及应对工作有哪些?

禽流感属于甲型流感病毒,是通过活禽或者病禽传染给人类的,切断传染源即可控制。因此,为有效预防禽流感的发生,切断传播途径,确保人民群众的身体健康和生命安全,社区应做好以下预防及应对措施:

(1)成立应急工作领导小组,对社区防控工作进行督查指导,同时汇总相关工作情况向街道应急办反馈。

(2)负责摸清、汇总辖区内居民、单位禽类养殖情况,对于养殖鸡、鸭、鹅等家禽的应及时通报城管分队进行查处,并将相关情况及时向上级部门反馈。

(3)组织预防禽流感的宣传工作,通过发放宣传单、知识讲座等方式向居民普及相关科学防治禽流感的知识。

(4)联系相关部门加强动物产品生产加工制售企业的监管。

(5)如有感染禽流感病例和异常情况信息,应收集汇总并及时通报动物卫生监督管理局,协助开展疫源地调查和相关人群控制,并将情况及时报街道应急办。

(6)加强工作人员防护用品的储备管理工作。

(7)对受灾居民实施生活救助,妥善安排好受灾居民的基本生活。

(8)联系并配合相关部门对辖区内流动售卖家禽的商贩进行查处。

(9)发生疫情后,配合相关部门推进疫情防控和维护安全稳定工作。

知识链接

患者发病初期表现为流感样症状,包括发热、咳嗽,可伴有头痛、肌肉酸痛和全身不适,也可以出现流涕、鼻塞、咽痛等。部分患者肺部病变较重或病情发展迅速时,出现胸闷和呼吸困难等症状。呼吸系统症状出现较早,一般在发病后 1 周内即可出现,持续时间较长,部分患者在经过治疗 1 个月后仍有较为严重的咳嗽、咳痰。在疾病初期即有胸闷、气短以及呼吸困难,常提示肺内病变进展迅速,将会迅速发展为严重缺氧状态和呼吸衰竭。重症患者病情发展迅速,多在 5 ~ 7 天出现重症肺炎,体温大多持续在 39℃以上,呼吸困难,伴有咯血痰;可快速进展为急性呼吸窘迫综合征、脓毒血症、感染性休克,部分患者可出现纵隔气肿、胸腔积液等。有相当比例的重症患者同时合并其他多个系统或器官的损伤或衰竭,如心肌损伤导致心力衰竭,个别患者也表现有消化道出血和应激性溃疡等消化系统症状,也有的重症患者发生昏迷和意识障碍。

如发现有禽流感的发生,首先应该要控制传染源,切断传播途径,尽量减少接触小动物和家禽,尽量少去菜市场,在出门时应戴口罩,远离感冒的人群，注意生活环境的通风，降低空气中的一些病毒。禽流感的患者大多数是因为经常接触家禽而引起的，在生活中应注意个人卫生习惯，做好生活护理来进行预防。

80. 新型冠状病毒肺炎防控工作有哪些？

新型冠状病毒肺炎是指2019新型冠状病毒感染导致的肺炎。根据现有病例资料，新型冠状病毒肺炎以发热、干咳、乏力等为主要表现，少数患者伴有鼻塞、流涕、腹泻等上呼吸道和消化道症状。重症病例多在1周后出现呼吸困难，严重者快速进展为急性呼吸窘迫综合征、脓毒症休克、难以纠正的代谢性酸中毒和出凝血功能障碍及多器官功能衰竭等。值得注意的是，重症、危重症患者病程中可为中低热，甚至无明显发热。轻型患者仅表现为低热、轻微乏力等，无肺炎表现。为有效防范和积极应对新型冠状病毒肺炎疫情，切实保障人民群众生命安全和身体健康，应做好新冠肺炎疫情防控各项工作。

新型冠状病毒肺炎疫情防控工作主要包括以下方面：

（1）入户发放各类疫情宣传资料，在社区各重要路口悬挂疫情防控横幅，社区LED显示屏每天24小时滚动播放防疫标语，社区广播每天播放防疫知识。向群众宣传防控知识，增强群众的防范意识，养成戴口罩、勤洗手、常通风、不集聚等良好卫生习惯和生活方式。

（2）社区应首先严格对公共空间和人群极易聚集的公共场所进行清洁、消毒和通风处理，改善环境卫生状况，阻止病毒传播。

（3）制定社区防控措施实行网格化管理，成立防控小组，对从疫区回来的居民开展信息摸排登记工作，对外来人员和车辆严检查，加强流动人口监测，做好疫情监测处置和动态报告工作，确保全面实时掌握疫情变化情况。

（4）利用社区宣传栏、微信群、公众号更新发布最新官方疫情通报，减少群众恐慌。

知识链接

做好家庭环境卫生整洁是预防传染病的重要环节，也是预防新型冠状病毒肺炎的重要方法，大家要积极开展搬家式家庭卫生大扫除，及时清理家庭环境，摒弃乱扔、乱抛、乱吐等不文明行为，保持基本的手部和呼吸道卫生，坚持健康安全饮食习惯，勤通风，保持室内空气流动，做好垃圾分类，不违规饲养家禽，保持生活环境的整洁清洁，在疫情流行期间，应该做到避免出入人员密集的公共场所，减少不必要的社交活动，出门应佩戴口罩，勤洗手，避免用手部接触到公共物品或设施后再直接接触面或口鼻，有条件时用流水和肥皂水洗手，或用免洗的消毒液清洁双手。

81. 非典型肺炎的防控工作有哪些？

非典型肺炎即重症急性呼吸综合征（SARS），它是一种由 SARS 冠状病毒引起的急性呼吸道传染病。非典型肺炎为呼吸道传染性疾病，主要传播方式为近距离飞沫传播或接触患者呼吸道分泌物。因此，应开展以下工作防控非典型肺炎：

（1）开展冬春季呼吸道传染病预防的科普宣传，使群众了解此病的特征与预防的方法，争取做到早发现、早报告、早隔离，以便及时治疗病人，避免群众乱投医乱服药。

(2)对出现一例或多例病人的家庭，应立即送往指定医院，并联系当地疾病控制机构采取消毒措施。

(3)出现病例较多的局部地区要加强卫生宣传，病人家属或密切接触者在进行居家隔离期间，禁止其前往空气流通不畅、人口密集的公共场所，减少群众性集会。

(4)要求商场、超市、影剧院等场所保证中央空调系统的送风安全，要求其对供送气设备进行消毒。

知识链接

预防非典型肺炎的方法有：

(1)户内经常通风换气，促进空气流通，勤打扫环境卫生，勤洗勤晒。

(2)经常到户外活动，呼吸新鲜空气，增强体质。

(3)保持良好的个人卫生习惯，打喷嚏、咳嗽和清洁鼻子后要洗手，不要共用毛巾。

(4)注意均衡饮食、定期运动、充足休息、减轻压力和避免吸烟，根据气候变化增减衣服，增强身体的抵抗力。

82. 伤寒疫情的应急处理工作有哪些？

伤寒和副伤寒分别是由伤寒杆菌及甲、乙、丙型副伤寒杆菌所引起的急性肠道传染病。伤寒、副伤寒是常见的传染病，一旦爆发流行将对广大人民群众的健康构成严重威胁。如果出现重大突发疫情，社区应立即上报上级部门，并与有关部门联动协作，及时落实有效措施，迅速控制和扑灭疫情。

(1)接到疫情报告,要详细询问疫情发生情况以及报告时间、报告人、联系电话等,填写专用记录表格。初步判断疫情报告情况是否可靠,立即向应急管理部门报告。确认必须启动应急程序的,社区应急小组及卫生服务中心医务人员立即赶赴现场,开展调查处理。同时报告卫生行政部门和上级疾病预防控制机构。

(2)了解病人什么时间发病,在什么地方居住,以便快速划定疫区,并及时对密切接触者进行医学观察和预防服药。与病人有过密切接触以及在水型、食物型爆发中可能受感染的人,如家庭成员、病人陪伴者、聚餐参加者等要进行医学观察,观察期限自最后接触之日起计算,伤寒23天、副伤寒15天。

(3)所有伤寒、副伤寒病人或疑似病人都要及时隔离治疗,联系相关部门送往医院进行隔离治疗,并派一名工作人员一同前往,以便能够及时了解情况。

(4)联系相关部门开展消毒和污染物清除工作。病人家和临时隔离治疗点中被污染的厕所、地面、餐具、衣物、用品等进行随时消毒,病人的粪、尿、排泄物要严格消毒处理。

(5)对疫区的易感人群及毗邻地区的重点人群,开展针对菌型的伤寒疫苗的免疫接种,以提高人群免疫力。

(6)利用各种方式广泛宣传普及伤寒、副伤寒等肠道传染病防治知识,提高群众卫生保健意识,疫情流行期间减少聚餐活动,积极做好预防。同时倡导大家搞好环境卫生,管好水源,消除垃圾,消灭苍蝇及孳生地。

本病主要的症状就是以消化系统症状为主,大多数患者还会出现发热,此时一定要注意监测体温,还要注意饮食方面的控制,尽量吃一些容

易消化的食物,不吃生冷的食物。伤寒和副伤寒主要是通过粪——口途径进行传播,如果进食了被伤寒杆菌或者甲、乙、丙型副伤寒杆菌污染的水源以及食物就有可能加重病情。伤寒和副伤寒的患者还要注意休息,不要过度劳累,要保证充足的睡眠,平常要适当锻炼身体,增强个人的免疫力,对抵抗这种疾病有一定的帮助,同时,需要配合治疗。

83. 流行性感冒应如何防控?

冬季是流行性感冒的高发时期。为了让广大社区居民深入了解流感知识,有效预防冬季流感,社区可定期与社区卫生服务中心联合开展主题宣传活动。使专业医护人员现场近距离与居民接触,介绍如何从生活细节防范流感,如自身要做好保暖工作、避免受凉、平时勤洗手、均衡饮食、适量运动、多开窗通风、保持室内空气新鲜,同时保证充足休息、提高睡眠质量、避免过度疲劳等;从流感的起因、临床表现与普通感冒如何区别以及预防治疗等方面进行专业的讲解。另外,通过发布流感疫苗接种健康提示,提高群众接种疫苗意识。充分发挥家庭医生作用,指导轻症患者居家隔离治疗,减少传播风险;指导高危人群及时就诊,减少重症和死亡发生。

知识链接

避免患流行性感冒的方法有:

(1)平时要注意保持室内通风,即使在冬季,每天也要开窗通风3次以上,每次至少10至15分钟。家用空调在每年使用前要清洗空气过滤网,确保换气清洁。

(2)不要随地吐痰,打喷嚏或咳嗽时要用纸巾捂住口鼻。

(3)合理安排作息时间,生活有规律,避免过度劳累导致抵抗力下降,从而增加患病机会。

(4)流感流行时,应尽量少去商场、影剧院等人员密集的公共场所,必须出门时,戴口罩。

(5)每年9月、11月份接种流感疫苗,是预防流感的最好方法。

84. 如何开展鼠疫防控工作?

鼠疫又叫“黑死病”,由鼠疫杆菌所致,可由带疫动物传及于人,也能经人和人直接传染,是一种传播速度快且死亡率极高的“烈性传染病”。为了消灭老鼠、预防鼠疫疾病的发生、有效地控制鼠害增长,社区应组织人员进行以下防控工作:

(1)根据社区环境,在老鼠容易出没的墙角、车棚、楼房底层、下水道周边处设置了固定鼠药投放毒饵站。同时,向小区物业及相关单位发放鼠药,确保灭鼠工作做到全覆盖、不留死角。

(2)为了能在灭鼠的同时做好安全防范工作,社区工作人员在投放鼠药的同时,应向居民宣传辨识鼠药的技巧和投放鼠药的注意事项。并提醒居民看护好小孩,管理好自家宠物,以防误食中毒。

(3)及时清理卫生死角、楼宇堆物推料,清扫小区落叶,杜绝老鼠的生存环境,进一步提高灭鼠的效果。

(4)通过发放宣传单、广播等形式,提高辖区居民对鼠疫的认知和对预防知识的了解,引导居民养成良好的卫生习惯,增强居民自我防护意识和能力。

知识链接

预防鼠疫的方法如下:

(1)避免到疫区旅游或活动,避免接触啮齿动物。

(2)避免与患有鼠疫的病人密切接触,与可能感染肺鼠疫的病人接触时,尽量保持1米以上的接触距离,并戴口罩,勤洗手。

(3)采取必要的防跳蚤叮咬措施,使用驱虫制剂、常用驱蚊剂等,一般都可以驱赶跳蚤。

(4)如果去过疫区,应持续2周自测体温。如突然出现发热、寒战、淋巴结疼痛、咳嗽咳血或出血等任一症状,应当立即就医并告知医生疫区旅行史。

(5)与患有鼠疫的病人密切接触的人员,应尽早预防用药。可服用磺胺制剂,成人首次2g,其后4~6小时服1g,一般连服5日。

(6)应以预防鼠疫的"三报""三不"为主。"三报"是指:报告病、死鼠(包括其他病死动物);报告疑似鼠疫患者(发热及淋巴结肿大,发热及胸痛、咳嗽等);报告不明原因的高热患者和急死病例。"三不"是指:不私自猎捕疫源动物;不剥食疫源动物;不贩卖疫源动物及其产品。

85. 白喉疫情应如何预防和应对?

白喉是由白喉杆菌引起的急性呼吸道传染病。临床特征为咽、喉、鼻部黏膜充血、肿胀并有不易脱落的灰白色假膜形成。由于细菌产生的外毒素所致全身中毒症状,严重者可并发心肌炎和末梢神经麻痹。本病呈世界性分布,四季均可发病,以秋季、冬季较多。因此,当发现白喉疫情时应及时做好预防及应对工作。

白喉疫情的预防及应对工作的内容包括：

(1)早期发现病人，及时隔离并及时作疫情报告，患者要入传染病院隔离治疗。

(2)密切接触者应观察 7 日，对儿童机构在 14 日内应进行严格晨检。

(3)污染的外环境应进行消毒处理。用5%来苏尔喷雾消毒液，或擦拭消毒，每平方米消毒面积洒 200～300mL 消毒液。

(4)开展卫生宣传教育，对患者家属及周围人群宣传白喉预防知识。

(5)病人的鼻咽分泌物及其污染的衣服、手帕、食具、玩具等都应进行随时消毒。病人隔离后，应立即对病人住所进行消毒。

知识链接

预防白喉最有效的措施是广泛开展白喉类毒素的主动免疫，我国目前对适龄儿童实施 5 剂次含白喉类毒素成分疫苗常规免疫程序：在儿童 3 月龄、4 月龄、5 月龄和 18～24 月龄各接种 1 剂次百白破疫苗（包含白喉类毒素、破伤风类毒素和百日咳菌体抗原）；在儿童 6 周岁时接种 1 剂次白破疫苗（包含白喉类毒素和破伤风类毒素）。除完成常规免疫程序之外，世界卫生组织建议每隔 10 年左右进行含白喉类毒素成分疫苗以加强免疫，以便维持免疫保护的效果。

86. 霍乱防控工作应如何开展?

霍乱是因摄入的食物或水受到霍乱弧菌污染而引起的一种急性腹泻性传染病。病发高峰期在夏季,能在数小时内造成腹泻脱水甚至死亡。为贯彻落实霍乱防控工作的要求,进一步普及卫生科普知识,提高霍乱防控能力,营造健康文明的生活环境,社区应开展以下工作:

(1)定期组织霍乱防治健康教育讲座,传达相关文件精神,宣传霍乱防控的相关知识。

(2)购置并张贴霍乱防治健康教育宣传画,普及霍乱的防治知识。

(3)清理辖区内的卫生死角,疏通和清理下水道,定期打扫辖区内公用厕所、化粪池。

(4)组织社区工作人员、志愿者开展以室内外灭蝇为主的除四害活动。

(5)提醒辖区内食堂加强饮食卫生管理工作,对食堂卫生进行监督管理,检查食堂进货、卫生设施、消毒、饭菜供应等。

(6)开展井水消毒监测工作,购置相关消毒用品对水井进行安全消毒。

知识链接

预防霍乱的方法有以下几点:

(1)霍乱病人及其密切接触者要在医院接受隔离治疗和观察。

(2)不要吃无照食品店和路边小吃摊上的食品。

(3)生、熟食品要分开加工、存放。

(4)不吃变质的食物,不吃生的或半生不熟的水产品。

(5)要勤洗手,养成不喝生水的良好习惯。

87. 疟疾防控工作应如何开展？

疟疾是由疟原虫寄生于人体，经媒介按蚊传播，引起以周期性发冷、发热、出汗等症状和脾大、贫血等体征为特点的寄生虫病。

疟疾防控工作应从以下方面开展：

(1)开展专题讲座，为居民传授疟疾防治相关知识，倡导健康的生活方式与行为，注重实用性和实效性，培养居民的健康意识，提高健康素质。

(2)发放宣传折页，并利用显示屏、微信公众号等多媒体形式进行多样化宣传。

(3)组织人员开展灭蚊活动，重点消除积水、根除蚊子孳生场所，保持环境的卫生整洁。

知识链接

疟疾主要表现为周期性规律发作，全身发冷、发热、多汗，长期多次发作后，可引起贫血和脾肿大。2017 年 10 月 27 日，世界卫生组织国际癌症研究机构公布的致癌物清单初步整理参考，疟疾(高度流行地区恶性疟原虫感染引起的)出现在2A 类致癌物清单中。

当周围发生疫情，一旦有发冷、发烧、出汗等症状，应及时到当地医院看医生，查血镜检疟原虫，即可确诊。

疟疾的预防，主要是指对易感人群的防护，包括个体预防和群体预防。个体预防系疟区居民或短期进入疟区的个人，为了防蚊叮咬、防止发病或减轻临床症状而采取的防护措施。

群体预防是对高疟区、爆发流行区或大批进入疟区较长期居住的人群，除包括含个体预防的目的外，还要防止传播。要根据传播途径的薄弱环节,选择经济、有效且易为群众接受的防护措施。

预防疟疾的主要措施有:蚊媒防制、药物预防或疫苗预防。

88. 结核病防控工作应如何开展?

结核病是由结核杆菌感染引起的慢性传染病。结核菌可能侵入人体全身各种器官,但主要侵犯肺脏,因此也被称为肺结核病。为了使居民群众掌握正确的结核病防治方法,社区应开展宣传活动推进结核病防控工作。

社区工作人员应定期组织开展专题讲座活动,从结核病的流行现状、发病症状、传播途径以及治疗措施等方面向居民群众作详细的介绍,让大家正确了解结核病,号召居民从自身做起,树立健康文明的生活方式。并提醒大家,当出现以下症状时,应及时前往医院就医:

(1)全身不适、倦怠、乏力、不能坚持日常工作,容易烦躁,心悸、食欲减退、体重减轻、妇女月经不正常等轻度毒性和植物神经紊乱症状。

(2)体温不稳定,轻微的体力劳动即引起发热,经过30分钟休息,也往往不能恢复正常;长期微热,多见于下午和傍晚,次晨降到正常,伴随倦怠不适感;病灶急剧进展和扩散时,发热更显著,出现恶寒,发热达到39~40℃;女性病人在月经前体温升高,月经后体温亦不恢复正常。

(3)盗汗。多发生在重症患者身上,在入睡或睡醒时全身出汗,严重者衣服尽湿,并伴随衰竭感。

(4)婴幼儿肺结核有时以吼喘为首发症状。

(5)出现咳嗽、咳痰、咯血、胸痛等症状。

同时，鼓励居民群众积极培养健康的生活方式，做到合理膳食、适当运动、戒烟限酒、心态平和，并定期开展家庭环境卫生消杀，提高对疾病的自我防护能力。

结核病的主要预防方法有：

(1)控制传染源。及时发现，并立即接受治疗。

(2)切断传播途径。注意开窗通风和消毒。

(3)保护易感人群。接种卡介苗，注意锻炼身体，提高自身抵抗力。

89. 病毒性肝炎防控工作应如何开展?

病毒性肝炎是严重危害人民健康的传染病之一。它是由多种肝炎病毒引起的以肝脏病变为主的一种传染病。临床上以食欲减退、恶心、上腹部不适、肝区痛、乏力为主要表现。部分病人可有黄疸发热和肝大伴有肝功能损害。有些病人可慢性化，甚至发展成肝硬化，少数可发展为肝癌。

为加强病毒性肝炎防治宣传，做好健康科普知识传播，提高人民群众对病毒性肝炎防治的认识，号召社会各界积极行动起来，共同抗击病毒性肝炎。社区应定期开展病毒性肝炎防治宣传活动，联合社区卫生服务中心开展知识讲座，重点讲解病毒性肝炎及常见的病因、如何护肝、常见症状、病毒性肝炎严重程度的判断、病毒性肝炎的治疗策略等知识。

另外，还可以邀请医院的相关专家开展现场咨询活动，专家们可以通过居民们提供的病史，提出相应的治疗方案和健康指导。

知识链接

病毒性肝炎的预防方法如下：

(1)不喝生水。不喝生水，饮水消毒。饮用水污染是戊型肝炎暴发流行的主要传播方式。

(2)讲究个人卫生。注意个人卫生，不共用剃须刀和牙具等用品。

(3)注意食物安全。生熟食物要分开放置和储存，避免交叉污染；生吃瓜果蔬菜须洗净；食用水产品如毛蚶、牡蛎、螃蟹等须加工至熟透。

(4)对相关用具进行消毒。大力推广安全注射(包括针刺的针具)，对牙科器械、内镜等医疗器具应严格消毒；服务行业中的理发、刮脸、修脚、穿刺和文身等用具也应严格消毒。

(5)接种疫苗。及时接种疫苗，是预防病毒性肝炎尤其是乙型肝炎最为直接有效的方法。所有新生儿出生后应在24小时内及时接种首针疫苗，在出生后1个月、6个月再分别接种一次。全程接种可大大降低新生儿乙型肝炎病毒感染的几率，未接种者应补种。甲肝流行期间，易感人群，如婴幼儿、儿童应接种甲型肝炎疫苗。

90. 红眼病的应急措施有哪些？

急性出血性结膜炎，俗称红眼病，是世界范围内的流行性传染性眼病，为我国法定丙类传染病。当社区内出现红眼病患者时，应立即采取以下应急措施：

(1)当发现有居民患红眼病时，立即报告卫生部门，并采取果断措施，对病人实施严格隔离，到指定医院进行治疗。

(2)对与红眼病病人有密切接触的居民进行观察,出现疑似症状,须及时就医。

(3)对红眼病病人到过的场所及用过的物品,迅速、严密、彻底地做好全面消毒工作。

(4)积极配合上级有关部门做好流行病调查及善后处理工作。

知识链接

红眼病患者通过眼泪、眼分泌物可能污染自己的双手和洗漱用具,将病菌、病毒带到摸过、用过的地方,比如门把手、毛巾、脸盆、键盘等。正常人摸过这些地方可能把病菌、病毒通过双手或洗脸时带入自己的眼睛,从而引起红眼病的发病和传染。因此,在红眼病高发期要注意以下事项:

(1)患上红眼病应及时到医院治疗。病人所有生活用具应单独使用,最好能洗净晒干后再用。

(2)病人使用的毛巾,要蒸煮15分钟消毒。

(3)病人尽量不要去人群聚集的商场、游泳池、公共浴池、工作单位等公共场所,以免传染他人。

(4)病人应少看电视、手机、电脑,防止引起眼睛疲劳而加重病情。

91. 艾滋病防控工作应如何开展?

艾滋病是一种危害性极大的传染病,由感染艾滋病病毒(HIV)引起。HIV是一种能攻击人体免疫系统的病毒。一般初期的症状如同普通感冒、流感一样,伴有全身疲劳无力、食欲减退、发热等,随着病情的加重,症状日见增多，如皮肤、黏膜出现白念球菌感染，出现单纯疱疹、带状疱疹、紫斑、血疱、淤血斑等；以后渐渐侵犯内脏器官，出现原因不明的持续性发热，可长达 3 ~ 4 个月；严重的还会出现咳嗽、气促、呼吸困难、持续性腹泻、便血、肝脾肿大、并发恶性肿瘤等。临床症状复杂多变，但每个患者并非上述所有症状全部出现。病毒侵犯肺部时常出现呼吸困难、胸痛、咳嗽等；侵犯肠胃时则引起持续性腹泻、腹痛、消瘦无力等；还可侵犯神经系统和心血管系统。

艾滋病的防控策略主要针对传染源、传染途径以及易感人群进行控制。由于人类对于艾滋病病毒普遍易感，社区领导小组定期组织艾滋病防护知识的教育宣传工作，摆放预防艾滋病知识宣传展板、悬挂横幅、现场咨询、发放艾滋病宣传手册和宣传画等形式，向社区居民宣传艾滋病防控的相关知识，提高居民对艾滋病的防范意识，帮助居民克服对艾滋病的恐惧心理。

知识链接

另外，统计社区内艾滋病患者人数及其地址、联系方式，可采取定期上门或打电话的方式嘱咐患者对自己的分泌物以及意外失血进行必要的处理，在输血之前常规进行艾滋病抗体的相关检查，并在性活动时必要的保护措施。

第七章　社会安全事件预防与应对

92. 防空防灾工作的内容有哪些？

防空防灾问题关系到每一位居民的生命财产安全，其工作内容主要包括以下方面：

（1）确定防空防灾的信息来源和本社区的潜在灾情和空袭危害，明确防空防灾任务，并了解本社区居民可用的人防工事和紧急疏散地。

（2）调查社区人员上班、值勤情况和社区昼夜应急中可能参加求助的居民人数、住地及专业情况，调查社区中应急救援可用的器材、设备及其位置。

（3）组织应急救援人员研究在多种可能危害条件下的救援任务分工、联络方法及行动方针。

（4）通过发放《防空防灾知识手册》让居民意识到防空防灾是国防的重要组成部分，居民要增强防空防灾意识，掌握防灾减灾技能。

（5）可组织应急救援人员结合社区住房特点进行应急演练。

知识链接

听到空袭警报时，应就近进入防空设施隐蔽。如情况紧急无法进入防空设施时，要利用地形地物就近隐蔽。

（1）在街上：车辆应迅速停靠路边。行人要就近进入地下室、地铁车站或钢筋混凝土建筑底层等处隐蔽，不要在高压电线、危险房屋和油库等易燃易爆处停留。

(2)在公共场所:商店、影剧院及车站、码头的人员应听从指挥,有秩序地利用地形地物分散隐蔽,不要慌张、拥挤。

(3)在室内:可在钢筋混凝土楼房(5层以上)的底层、走廊或底层楼梯下,或在跨度较小的独用卫生间、灶间等处隐蔽。可趴在床下、桌子下或蹲在屋角边,切忌站在窗口或露天阳台上。

(4)在空旷地:可就近选择低洼地、路沟边、土堆旁或大树下疏散隐蔽。

(5)当发现炸弹在附近投下或爆炸时,应迅速卧倒(面部向下,掩住耳、张开嘴、闭上眼,胸和腹部不要紧贴地面)。

93.恐怖袭击的预防及应对措施有哪些?

为严厉打击暴力恐怖犯罪活动,提高和预防应对恐怖事件的应急处理能力,及时、高效、妥善地处置投毒、爆炸、破坏、劫持人质、危害公共安全等恐怖暴力事件,社区应做好恐怖袭击的预防工作及事件发生后的应对措施,以维护社会安定,保护人民群众的生命财产安全,最大限度地减少事件造成的危害。

(1)恐怖袭击的预防工作

①组建应急分队和抢险分队,配备抢险车辆以及足够的应急器材和设备。结合行业实际,制定详细的应急工作处置预案。

②督促辖区内学校、企业及商场制定反恐怖工作应急预案,加强法制教育、安全教育、心理健康教育和反恐怖教育,增强人民群众的法治意

识和自我保护意识。

③对于人员密集场所，一定要督促其强化自身的安保力量，完善物防设施的配置。

④要切实加强信息汇总上报工作，要早预防、早发现、早处置，准确掌握活动动态，杜绝因信息上报不及时导致突发事件发生。

⑤严格商铺用品采购、食品操作人员管理等制度，严防有毒、有害食品进入学校和集体食堂。

⑥严格管制刀具等危险物品的日常排查，防止危害发生。

(2)恐怖袭击的应对措施

一旦发生恐怖袭击事件，立即报警，在救援人员未赶到的情况下，现场人员要稳定群众情绪，积极组织人员疏散，必要时动员群众帮助，避免产生恐慌，造成拥挤、踩踏等不必要损失和人员伤亡。在抢险救灾过程中，要把营救群众的生命作为首要任务，并注意自身的保护，尽最大可能减少人员伤亡。具体事件的处理办法如下：

①暴力事件

第一，如没有伤及人员的情况下，应以宣传教育为主，劝说其放弃伤害他人及破坏正常秩序的行为。

第二，如已伤及他人，应予立即制止，以抢救伤员为主，如情况继续恶化应以武力制止。

第三，注意观察暴力组织者的行为、特征。条件许可的话，当即擒获；不具备条件，也要想办法接近、控制，等待公安、武警或其他队员到时再擒获。

第四，注意收集证据、保护证人。

②易燃、易爆、危险品

第一，如发现易燃、易爆、危险品及管制刀具、枪械，立即向上级部门汇报，同时采取隔离措施，仔细观察盘问，疏散人员集中至安全地带并保护好相关人员。

第二，严禁人员进出，加强事故地点保卫、巡逻工作。

第三，等待公安部门派人排爆并协助其工作。

第四，对查出的易燃、易爆、危险品及管制刀具、枪械一律进行严格登记，对收缴的该类物品要造册登记，妥善保管。

③投毒事件

第一，如发现是邮寄毒品，应立即报告上级部门，同时，集中所有可能接触到毒品的人员在某特定区域，加以保护，等待公安等有关部门前来检查、检验，并提供相应的证据。

第二，如发现是放置的毒品，应立即保护好现场，严禁他人进出，同时向上级部门报告，请求公安等相关部门前来解决。

第三，立即将有关情况用电话方式报告卫生部门，并立即拨打“120”请求救援。

第四，追回已出售的可疑中毒食品或物品，并通知停止食用可疑中毒食品、停止使用可疑中毒物品，同时通知商铺停止出售剩余可疑的中毒食品和物品。

第五，控制或切断可疑水源。

④纵火事件

第一，立即组织相关人员进行扑救灭火，同时拨打“119”报警电话，并及时向上级部门报告。

第二，保护好现场，引导消防车进入着火区域，严禁无关人员进出。

第三，如纵火分子在现场或虽在逃但在可视范围内，立即组织围捕。

第四，灭火后，保护好现场，统计损失。

⑤绑架、挟持人质事件

第一,如犯罪嫌疑人在现场,应在第一时间向上级部门汇报,有条件的同时采取围捕方式包围。

第二,正面宣传教育对话,以情感教化为主,鼓励其放下凶器。

第三,保护好现场,严禁无关人员进出。

第四,如恐怖分子已离开现场,应保护好现场痕迹等证物、证人,等待公安部门前来。

第五,如恐怖分子已逃离现场但在可视范围内,应首要考虑人质的安全,冷静观察等待公安部门前来解决。

知识链接

实施恐怖袭击的嫌疑人脸上不会有标记,但会有一些不同寻常的举止行为引起我们的警惕。例如:

(1)神情异常。神情慌张,说话支支吾吾,东张西望。

(2)着装异常。穿着打扮与普通人明显不同,服装奇异。

(3)物品异常。携带有管制刀具、斧头以及类似爆炸物等危险物品。

(4)行为异常。反复在商场、医院、车站等人员密集场所及党政机关办公区附近观察。

(5)貌似嫌疑。长相疑似被通缉的嫌疑人。

94. 如何有效遏制电信网络新型违法犯罪?

为了从根本上遏制电信网络新型违法犯罪蔓延势头,推进打击治理电信网络新型违法犯罪工作,切实维护人民群众财产安全和合法权益,社区应做好以下方面的预防工作:

（1）通过在人流量大的地段集中宣传，各社区网格员入户送达《防范电信网络诈骗致居民朋友的一封信》、向楼宇内企业送达《企业防骗宣传手册》、在社区各个宣传栏开设反电信网络诈骗宣传专栏、举办以案示警等多种形式深化反诈宣传，将打击治理电信网络诈骗工作深入到每家每户、每个企业，增强群众防骗意识和防骗能力。线上通过微信群不定期推送电信网络诈骗防范知识，在微信公众号定期推送电信网络诈骗警示案例，以动漫、视频等居民喜闻乐见的形式传播防电信网络诈骗知识。

（2）社区网格员和社区民警对有过电信网络诈骗警情的户况进行信息采集，及时掌握人员的流动情况，加大巡查力度，形成区域威慑力，遏制电信网络诈骗案发率。

（3）针对辖区内的重点楼宇、出租房等重点场所，协助辖区公安派出所、市场监管所、营商环境部等部门参与，定期开展集中清查活动，逐一排查，严防在辖区内出现诈骗窝点，发生涉诈行为。

知识链接

要警惕以下十类电信网络新型违法犯罪手段。

（1）假冒公检法诈骗。犯罪分子假冒“警官”“检察官”“法官”等角色，谎称受害人涉嫌洗钱、贩毒等严重犯罪，诱导受害人将资金转入实为骗子持有的所谓“安全账户”，此类诈骗造成的损失金额往往最大。

（2）冒充熟人诈骗。犯罪分子通过非法渠道，获得受害人熟悉的亲友的手机号码、社交账号密码，并掌握受害人的社会关系，从而骗取受害人信任，进而编造“发生意外急需用钱”“资金周转”“代缴话费”等理由，诱使受害人转账。

（3）利用伪基站发送木马链接实施诈骗。犯罪分子使用“伪基站”，冒用银行、运营商等客服电话号码发送短信给受害人，以账户积分兑换奖品等为由诱导受害人点击短信中的木马链接。用户一旦点击，犯罪分子就能在后台获取用户的银行账户信息和密码,进而盗取其账户资金。

(4)兼职诈骗。犯罪分子许诺在各种网络平台刷得消费记录后,将返还本金并支付佣金。受害人在完成前几单任务后都会很快收到回报,而完成更多的任务后,骗子就会切断与受害人的联系,就此消失。

(5)考试诈骗。犯罪分子通过非法手段获得考生信息,并有针对性的发送短信或邮件,声称"提供考题""改分""办假证"等,引诱考生汇款。

(6)校园贷诈骗。校园贷诈骗的形式主要有三种:一是用"免抵押、低利息"为诱饵诱导学生贷款,并要求缴纳贷款手续费、管理费、保证金等费用;二是声称通过培训提高综合技能,夸大培训效果,签订培训合同,诱导学生贷款支付学费;三是与兼职诈骗结合,要求学生贷款购买手机等产品做"销售代理"。这些贷款的利息和滞纳金很高,学生如不能按期还款,将迅速背上难以承受的债务压力。

(7)民族资产解冻骗局。犯罪分子先编造一个民族资产秘密流落海外的故事,然后声称受国家委托对这些海外资产进行解冻,号召受害人缴纳手续费或资料费,成功后每人可以拿到高额善款补助。除了"民族资产解冻"这一借口,犯罪分子还会编造所谓"养老""扶贫"等噱头来吸引投资实施诈骗。

(8)投资返利诈骗。此类骗局通常标榜具有海外背景,从事的行业能赚取巨额利润,投资者将会获得高额投资回报。投资初期,犯罪分子会按时返利,让投资者尝到甜头,继续追加投资后,将会血本无归。

(9)保健品购物诈骗。犯罪团伙假扮医疗机构的顾问、专家、教授等,以为老年人"问诊"为名夸大病情,再以会员登记、免费体验、国家补贴、中奖等噱头诱骗客户购买各类保健品。而这些"保健品"基本上都粗制滥造,成本低廉却以高价出售。

(10)引诱裸聊敲诈勒索。犯罪分子非法获得被害人信息后,通过社交软件建立联系,步步引诱受害人进行“裸聊”,从而获取受害人不雅照片、视频,以此敲诈受害人。

95. 如何应对特重大火灾事故的发生?

当特重大火灾发生时,不仅损害财物,还会直接或间接地残害人类生命。尤其是影院、礼堂、歌舞厅、体育场馆、商场、酒店、集贸市场等容易发生特重大火灾的场所,受困人群容易发生以下状况:由于浓烟阻挡视线,使受害者晕头转向;缺氧使受害者呼吸困难,反应迟钝;毒气使受害者中毒或神经系统麻痹而失去理智;热气流和高温使受害者很难理智思考,从而惊慌失措,争相逃离,互相拥挤踩踏,造成大量人员伤亡。为减少人员伤亡,必须采取以下有效的措施:

(1)在发现起火后,必须迅速到达着火部位,查明情况,采取正确扑救措施,扑灭火灾。应查明的情况包括:燃烧物质和范围、火场内是否有受火灾威胁的人、火场区是否有易燃易爆有毒物品、建筑受损程度和可能倒塌危险、火势蔓延方向、火场电源、可燃气源是否切断。查明情况后,结合平时制定的应急预案立即组织灭火。

(2)一旦发现起火,应立即向公安、消防部门报警,并及时报告上级部门。向消防部门报警时,必须说明起火地点的详细地址、起火物质及其危险性、火势大小、是初起火还是已经蔓延扩大、燃烧范围等,以便公安、消防部门根据灾情及时调集力量和正确携带相应的灭火器材。

(3)立即组织熟悉现场的相关人员作为临时指挥员赶往现场,使受灾群众有组织地按平时拟订和演练过的抢救疏散计划,按规定疏散路线和疏散出口有秩序地进行疏散,同时要稳定好群众的情绪,使其听从指挥。待消防人员到达火场后,还要继续协助其做好疏散抢救工作。

(4)在人员集中场所发生火灾的初期阶段,必须适时向群众进行正确火情通报和正确指引疏散路径和疏散方向,以保证人员疏散迅速及时,各种硫散通道得到充分利用,防止发生混乱。

(5)被困在建筑物内的受害者大多数人会借助窗口、阳台、屋顶等向外求救。被困的受害者在严重的灾难面前,精神高度集中,冒险跳楼前有部分人表现出呆滞不前的抑制行为,此时犹豫不决的精神状态表明其正处于心理调节的瞬间,社区工作人员适时喊话有助于促进其最终行为向理智方向转化。喊话的内容包括:使受灾者了解火情;使受灾者认识到所处房间的安全程度;宣传自救的简单措施;要坚决制止冒险跳楼。语调要坚定而又权威,声音要洪亮,这样才能突破冒险者的"注意力屏障",使那些精神高度集中、处于模糊意识中的受害者清醒过来。

(6)对于已经被安全疏散的人员,要坚决制止其重返火场。逃离起火区域的人们由于财产和亲人还在火区就有可能重返起火区,这样会遇到新的危险,或是在人流中增加新的混乱,妨碍灭火作业。所以对已疏散出来到达安全地点的人员必须加强管理,对于正在疏散的人员也要保证他们按照最便利的途径迅速向外疏散。

知识链接

在大火发生的情况下,面对滚滚的浓烟和灼人的热浪,很少有人能够保持镇定,认真思考如何逃生,很多人乱奔乱跑,导致一片混乱,甚至选择错误的逃生行为,结果在生与死仅一步之遥的关键时刻,跨入火海而失去了自己宝贵的生命。因此,对于逃生路线的选择一定要做到心中有数,不能盲目追从别人而慌乱逃窜,这样会延误自己顺利逃离的时间,还容易感染他人引起骚乱。应根据火灾发生时的风向来确定逃生方向，迅速逃到火场上风处躲避火焰和烟气，可获得更多逃生时间。逃生时，要选择路程最短、障碍最少而又能安全快速抵达建筑物室外地面的路线。在密闭场所失火后，火焰夹着浓烟滚滚而来。所以，在逃离火场时千万不要在无法辨清方向的情况下乱跑。应沿烟气不浓、大火尚未烧及的楼梯、应急疏散通道、室外楼梯等往下跑，若在下跑的过程中受到烟火或人为封堵，应从水平方向选择其他通道，或临时退守到房间及避难层内，争取时间，果断采用其他方法逃生。

当无法逃脱时，正确的临时避难所有以下地点：

第一，临街的房间。这类房间既便于观察火情，也便于与救助者取得联系。

第二，有阳台的房间。这类房间有较好的通风条件，可降低烟气的浓度，同时也可迅速与救助者取得联系。

第三，选择离楼梯间较接近的房间。这类房间相对比较牢固，不易倒塌，一些高层建筑往往将靠近楼梯的第一个房间作为专用的避难间，进入后就比较安全。

第四，选择有门的公用厕所。这里较少采用易燃装修材料，结构相对独立，一般比较安全。

第五，室内空间较大而可燃物较少时，将室内可燃物清理干净，同时清楚相邻室内可燃物的位置，紧闭与燃烧区相通的门窗，防止烟和有毒气体进入，等待救援。

在建筑物内被大火围困，又没有室内通道可供逃生时，此刻就得选择攀爬来躲避大火的袭击，通过爬到阳台、窗户的外沿及建筑周围的脚手架、雨篷等处以躲避火势。

96. 如何应对学校突发安全事件?

遇到学校突发安全事件时应采取以下措施应对:

(1)社区工作人员获悉相关报告后,应立即赶往现场,同时立即拨打“110”报警电话并向上级部门汇报。

(2)社区领导应及时组织学校工作人员,快速建立警戒线,使犯罪分子无法靠近学生,防止事态扩大。

(3)应急小组携带防卫器械,与犯罪分子周旋,劝阻与制止犯罪行为,为警方援助赢得时间。同时寻找机会,在有利条件下设法制服犯罪分子。

(4)疏散所有学生和无关人员,让他们撤离至安全区域。

(5)立即组织医疗小组救护学生和其他伤员。

(6)向公安、消防、救护以及其他有关部门、单位求援,争取外援迅速赶到事发现场,并保证学校应急组织信息畅通。

(7)组织人员实施事件现场警戒,阻止无关人员进入学校,维护现场秩序防止出现踩踏事故。

(8)在公安部门的指导下,积极配合公安人员维持现场秩序以及善后处理工作。

知识链接

学校领导可采取以下措施预防学校安全事件的发生:

(1)由符合条件的专职保安担任门卫,严格门卫登记、验证制度,控制无关的外来人员进入学校。

(2)加强对校内有精神病症状的人员的管理。为确保学校安全,具有精神异常症状的人员必须在正规的精神卫生部门进行鉴定,一旦确诊为精神病人，学校应劝其在家休养治疗，经济待遇上给予帮助照顾。

(3)对可能引发矛盾激化事件的当事人要做好矛盾的化解工作。

(4)加强对师生的法制和安全教育，增强师生的法治意识和自我保护意识。

(5)积极组织师生进行防范暴力事件预案的演习，提高师生的防范能力。

97. 如何预防及应对重大群体信访事件的发生？

处理重大群体性信访事件是一项极为复杂而敏感的工作，当前的群体性信访事件都是一种以非正常手段为表现形式的突发性过激行为。社区需要做好预防及应对工作，及时联系相关部门依法调查、处理，以免事件扩大化。

(1)事先制定应急预案，做到有备而为。群体性信访事件发生时间急、影响面大，不容片刻拖延。若没有应急预案，到时就会手忙脚乱，处置失时失当。制定应急预案是及时妥善处置群体性信访事件的有力保障。

(2)及时报告迅速处置，以防事态进一步扩大。群体性事件一旦发生，事发地社区必须弄清事件基本情况、轻重程度，及时上报至人民政府。向人民政府立即申请启动预警与应急机制，成立临时指挥协调小组，统一协调部署力量，迅速行动处置，具体处置方案应根据事件的具体情况依据决策程序确定，但基本原则是控制局面、确保事态不进一步扩大。在教育疏导过程中，掌握参与信访事件群众的思想特点及其变化对症下药，说服群众选出代表与有关方面进行对话协商，尽快恢复正常程序，这样才能取得事半功倍的效果。

(3)及时弄清事件真相，正确把握公众舆论导向。群体性信访事件会受到公众、媒体的高度关注，必须及时向群众公布事件真相和处置情况，不要让不明真相的群众受到别有用心的人的误导，使局势朝严峻化方向发展。在必要的情况下，请求人民政府派驻工作组，广泛接触群众，积极做好深入细致的宣传稳控工作，向群众说明事件情况和下步处置计划，并引导群众理性对待，依法有序反映问题。

(4)本着“以人为本”“群众利益无小事”的理念，妥善处置和平息事态。对群体反映的意愿和提出的合理要求，要实事求是地反映给有关部门，热心帮助群众解决各种实际困难；对已达成协议的问题，要提醒有关部门及时履行兑现；对暂时难以解决的问题，要协助有关部门逐步解决并向群众说明；对损害群众合法权益和违反国家政策法令的行为，要坚决制止和纠正。

(5)对每一起群体性信访事件处置完毕后要进行全面的总结评价，提炼经验，总结教训，逐步积累和提升处置突发群体性信访事件的能力。

知识链接

群体性信访事件有一个重要特点，就是某一事件、决策、行动已经影响或预期可能会影响到部分人的利益甚至整个社区的利益时，极有可能引发群体性信访事件。它往往还呈现以下特点：

(1)在事件发展过程中，往往会由无组织向有组织转变。在事件的起始阶段，大都表现为无组织、无秩序状态，是由共同的利益诉求引发共鸣的表现形式。但是发展到一定阶段，少数人在事件发展中影响力提升或有意把握事态发展方向，事件的发展就会由无组织向有组织转变。

(2)在选择解决问题的方式上有明显的“以闹代诉”倾向。大多数信访群众在思想上存在“不闹不解决、小闹小解决、大闹大解决”的错误认识,认为只有把事态闹大才会引起政府相关部门的重视,因此导致后期局面的失控。

(3)在群体信访诉求中会往往会引发问题的连锁反应。也就是说由某一件事引发的群体性信访事件,如不能及时得到有效的化解,随着时间的推移往往会在发展过程中进一步演变,并在对抗情绪的作用下衍生出更多的问题及其他诉求事项,甚至出现个别无理要求,使信访事件进一步复杂化。

98. 如何预防重大刑事案件的发生?

危害公共安全并造成恶劣影响的重大刑事案件有爆炸、放火、投毒及绑架等。为预防重大刑事案件的发生,社区应做好以下工作:

(1)利用社区宣传栏和居民参加社区学习等形式定期对社区内居民开展法制宣传教育,增强遵纪守法自觉性。

(2)由社区党员代表、楼门长、居民代表和物业公司及派出所民警等共同组成小区安全巡逻队,加强小区内安全防范,确保及时、准确掌握各类不稳定因素和隐患,并进行分类登记、归档处理。

(3)公布派出所民警电话,居民发现违法现象,马上与相关部门联系解决。

(4)对排查出的矛盾和隐患,明确主要责任单位和负责人,进行化解处理。要做到排查到位、防控到位、宣传到位,把各类不稳定因素化解在基层,解决在萌芽状态。

当辖区内发生下列情形之一时，应立即启动应急预案：

(1)发生两个以上群体械斗，造成群死群伤的案件。

(2)发生犯罪嫌疑人劫持公民为人质的案件。

(3)发生由恐怖分子制造的，以人群、交通工具、建筑物等为爆炸和破坏目标的恐怖案件。

(4)发生犯罪嫌疑人在食物、水源等处投入有毒物品，造成多人中毒、死亡的案件。

(5)纵火案件发生在街道辖区内，发生犯罪嫌疑人蓄意放火，造成人员伤亡或财产损失的案件。

99.如何预防及应对高校群体性事件的发生?

大学生作为“有知识、有见识、有思想”的特定社会群体，备受社会广泛关注。但是，大学生思想往往还不成熟，充满激情容易失控，再加上大学生整体普遍缺乏社会经验，理解事情大多注重表面、片面，常会采取偏激行为，容易造成突发群体性事件，影响正常的教学秩序和校园安全稳定。因此，社区和校方必须高度重视，并予以积极有效的预防和应对处置。其主要内容如下：

(1)高校群体性事件的预防工作

①督促学校建立由相关校方领导、宣传部门、心理咨询师、医务室、保安部门、监测小组、评估小组组成专业的预防机构。对于在校内发生的一些重大事件，一定要有人出面调解，而且确保调解清楚，不要用武力

解决问题。

②完善装备、制定应急措施。对于高校突发群体性事件发生时需要的一些设备，如巡警车、医疗设备、保安装备等，应定期进行实际演练。

③要求高校应当通过思想政治教育、安全讲座、知识宣传等形式加强对学生危机意识的培养，让他们了解各类突发性事件的特征及危害性，并在日常学习生活中重视对突发性事件的预防以及加强学生应对突发事件的能力。

④要求高校对学生进行正确的思想引导，通过形式多样、扎实有效的各种相关活动，帮助学生掌握正确的立场、观点和方法，提高分辨是非能力，增强政治敏锐力和抵制错误思潮的能力。

⑤要求高校加强对特殊学生群体的管理教育，及时化解学生矛盾。要督促高校充分调动专业人员和同辈群体的力量，及时发现其思想和行为偏差，及时对其进行疏导与教育，迅速采取纠偏调整措施，从而避免恶性事件的产生。同时，也应要求高校特别关注有利益诉求的学生。相当一部分群体行为是由于部分学校未及时将一些关系到学生切身利益的决定和计划公布于众，征求学生的意见。学校应充分利用网络平台开辟对话空间，要求学校有关部门的领导与学生直接进行交流，倾听学生的呼声和建设性意见，化解各种潜在的矛盾。

(2)高校群体性事件的应对工作

①启动应急措施、及时搜集相关情报。启动相应的应急措施，尽量使事情发展成为可控事件，这样会使伤害率达到最低。在启动应急措施后，及时了解事件动态，并立即做出下一步的判断。另外，要保护学校通信、交通、供电、水等公共设施不被破坏，只有保障生活机制的正常运转，突发性事件才可能得到更有效的控制。

②社区工作人员协同高校工作人员及时疏散大学生，关闭一些公共

场所,避免出现学生大面积的聚集。如果不及时疏散,只会让更多的学生参与其中,或者是被迫“参与”。关闭一些不必要的公共场所,可以有效防范突发群体性事件发生,避免产生一些不必要的伤害。

高校群体性事件发生的诱因主要有以下方面:

第一,高校的教师和管理人员紧缺,造成管理方面的漏洞。我国一些高校尤其是一些高职、高专和民办院校的教师、管理人员特别是班主任、辅导员力量配备明显不足,不能及时沟通、了解、掌握高校大学生的现实想法和所面临的问题,难以有效开展针对高校大学生的思想政治教育工作、校园文化活动工作、心理辅导工作、贫困生工作、党团工作等,长期以往将会使高校大学生遇到的矛盾、问题持续积累,造成可以及早解决的小矛盾、小问题逐步演化成大矛盾、大问题,最后导致高校大学生群体性事件的发生。

第二,由于我国大学生在校人数的不断增加,许多大学交通、宿舍、食堂、公共场所变得拥挤不堪,大学生所需要的公共资源十分紧张。许多基础设施、设备老化,更新慢,教室、图书馆、实验基地、食堂、宿舍和浴室等配备明显不足,这些问题容易使大学生在校园生活、学习中产生摩擦,造成矛盾,导致大学生因为抢夺使用公共资源而发生群体性事件。

第三,大学生利益受到侵犯时,部分高校缺乏有效、健全的利益诉求机制和疏导机制,造成大学生在谋求、维护和争取自身正当权益时得不到及时、合理、公平、公正的疏导,同时,部分高校管理人员对学生缺乏人文关怀,以领导为中心,没有做到以学生为本,甚至无故刁难学生。这些消极做法,导致大学生群体有时会通过计算机网络、手机网络寻求情感认同,发泄其所受到的不公正待遇,互相串联,使个人事件的影响不断扩大化。

100. 如何应对民族、宗教问题引发的群体性事件？

当民族、宗教问题引发群体性事件时，为及时、妥善处置涉及辖区内民族、宗教方面的问题，切实维护民族宗教领域稳定、维护少数民族和信教群众的合法权益、进一步增强民族团结，维护辖区社会稳定，应开展如下应急处理工作：

（1）特别重大事件（Ⅰ级）事发地村、社区要立即通过电话上报上级民族宗教事务应急工作领导小组，然后呈送书面报告。重大事件（Ⅱ级），要在2小时内报告。较大事件（Ⅲ级），要在4小时内报告。所报告的内容包括：事件的时间、地点、经过，参与人数和估计伤亡人数、财产损失情况、事件的原因分析、事件发展趋势的预测、采取的措施及其效果和其他需要报告的事项。

（2）相关村、社区要发挥职能作用，为群体性事件的处置工作提供法律依据和政策建议。应积极运用少数民族和信教群众易于接受的方式和方法，及时化解矛盾，尽快平息事态。充分发挥少数民族代表人士和宗教界上层人士的作用，引导、推动他们积极配合政府，主动说服教育少数民族或信教群众，防止事态扩大化。

（3）事件得到妥善处置后，应及时进行回访，了解当事人思想动态和相关情况，制定相应措施和安排，达到妥善解决问题、维护社会稳定的目的。

知识链接

涉及民族宗教的群体性突发事件是指突然发生的涉及少数民族和信教公民宗教活动方面具有一定规模的事件，主要包括以下方向：

（1）不同民族成员因经济、民事、治安等问题发生矛盾纠纷，少数民族一方不接受或不服从有关部门的处理，致使矛盾升级、影响扩大而引发的连带纠纷事件。

(2)因出版物、影视作品和互联网上出现违反民族、宗教政策，伤害少数民族和信教群众感情的内容而引发的矛盾和纠纷事件。

(3)由于民族间文化传统、风俗习惯、宗教信仰和心理认同等方面的多样性、差异性而产生的矛盾和纠纷事件。

(4)外来少数民族群众在辖区内经商、务工、旅游、求学、探亲访友等过程中发生的矛盾纠纷事件。

(5)对少数民族食品生产、加工、销售、广告和包装不当引发的矛盾纠纷事件；

(6)少数别有用心的人利用民族、宗教感情，挑起不同民族之间的纠纷或煽动制造的矛盾纠纷事件。

(7)民族分裂分子、宗教极端主义分子和暴力恐怖分子打着民族或宗教的旗号，进行破坏民族团结和社会稳定的活动。

(8)其他原因导致的民族宗教纠纷事件。

101. 如何预防群体性食物中毒的发生？

社区在进行群体性食物中毒预防工作时，应做到以下几点：

(1)督促餐饮单位、集体食堂要加强卫生管理，要求其购买食物、原料时要认真查验，不使用来历不明的食物原料、畜禽、水产品及超过保质期限和腐败变质的食品；加工和贮存食品时要生熟分开，不混用加工工具和容器；认真、仔细地对专用工具、容器和冷藏设备进行消毒等。定期联合有关部门对上述要求进行检查，强化餐饮单位、集体食堂负责人及工作人员的食品安全责任意识。

（2）开展安全教育、食物卫生知识讲座等活动，提醒居民注意培养个人卫生，养成饭前便后洗手的良好习惯；养成良好的饮食习惯，不暴饮暴食；不食用野外捡拾的死因不明的畜禽、水产品、蘑菇和野菜，不食用超过保质期限和腐败变质的食品，不生食水产品等。

（3）在餐饮单位和集体食堂发生食物中毒后，应及时向当地卫生部门报告，并保留可能导致食物中毒的剩余食品及其原料、工具和设备，以备调查，以避免群体性食物中毒的发生。

知识链接

集体食堂具有就餐人数多、就餐时间集中、供餐量大等特点，为防止群体性食物中毒事件的发生，集体食堂管理者应做好以下工作：

一是要严把原料进货关。严禁采购和使用国家明令禁止的各类食品原料、食品添加剂，严格落实进货查验、索证索票、采购记录等制度要求。

二是要严控加工制作过程。严格按照《餐饮服务食品安全操作规范》的要求加工制作食品，做到生熟分开、烧熟煮透。严格落实食品加工温度和食品储存条件的要求，尤其是对于需要冷藏、冷冻和冷链运输的食品，要严格按照国家有关规定加强管理。

三是要加强对集体食堂环境卫生的管控，做好防尘、防鼠、防虫害工作。

四是要提高饮用水及食品安全意识，防止因饮用水或食品不符合国家卫生标准引发相关的食品安全事件。

102. 如何应对涉外突发公共事件的发生？

当涉外突发公共事件发生时，社区应当采取以下措施：

(1)突发性公共事件发生时，应及时就社会普遍关心关注的问题进行解答。信息的发布应有助于澄清谣言，既回应了社会各界的普遍关切，又避免了因信息不公开导致的恶意揣测、抹黑。另外，也要注意信息的准确性，力求做到信息与事实相符，口径一致，不同场合、不同主体发布的信息一致，以筑牢社会互信基础。

(2)突发性公共事件的涉外应对，涉及不同国家、族群，伴生各类语言与宗教问题，需要谨慎对待。在日常工作中，可以通过短信、微信、微博等多种方式，对外籍人士和相关机构进行有针对性的政策宣传，让他们了解政府的工作理念、原则。同时协助相关部门大力推动外国人员服务管理站建设和志愿者服务工作，充分发挥外国人员服务管理站的阵地作用，协助有关部门招募外籍志愿者参与外国人员服务工作，搭建政府、本地居民与外国人之间的沟通桥梁。在工作中充分发挥外国人员的语言优势和协调作用，让他们在涉外法律法规宣传、涉外纠纷调处等领域，积极开展志愿服务活动，共同营造开放、包容、共进的良好社会氛围。

知识链接

做好突发性公共事件的涉外应对工作，要提高政治站位，服务国家大局。同时明确这是一项重要的政治任务，事关我国负责任大国的国际形象，涉及国家总体外交大局。要认真贯彻落实习近平总书记的相关指示与讲话精神，严格按照国家部署和要求，自觉站在讲政治、顾大局的高度，狠抓任务落实，强化责任担当，作出应有贡献。

103. 如何普及金融安全知识?

随着生活水平的日益提高,居民群众的投资理财观念不断更新,金融行为与日常生活结合得越发紧密,金融风险也相应增加。为进一步普及金融安全知识,切实保障居民群众财产安全,社区应在区金融办的指导下进行一系列的宣传活动,向居民普及金融安全知识。具体措施如下:

(1)通过 LED 显示屏、广播、微信等方式,向投资金融的居民普及个人信息保护提示、银行卡安全提示、自助设备安全提示、电子银行安全提示、防电信诈骗安全提示等知识,从而进一步加深社会公众对金融安全知识的认知和了解。

(2)联合银行工作人员在社区进行金融安全知识宣传活动,播放最新金融反诈骗宣传片、派发金融知识宣传单,围绕个人信息安全、防范电信诈骗,用卡安全、新版人民币防伪宣传,反洗钱、反假币、自助设备正确使用,维权手段及责任意识等内容进行现场讲解。

知识链接

随着电子银行的普及,围绕电子银行的金融诈骗也时不时地出现,给广大电子银行用户带来一丝隐忧。其实,和其他服务渠道相比,电子银行是相当安全的,特别是在掌握了一些防范欺诈的常识之后,完全可以放心地使用电子银行。

(1)网络欺诈的预防方法

①切勿回复来历不明要求索取个人资料的电子邮件,不要向不请自来的电话营销人员透露任何个人信息。

②切勿点击电子邮件中的可疑链接,不要在可疑邮件的任何链接页

面上输入个人银行卡卡号和密码。

③通过银行网页链接或直接登录熟悉及信任的公司网页进行网上交易。

④确保电脑安全，安装防火墙和杀毒软件，并定期更新。

⑤及时核对账单、信用卡和银行结算单。如果发现任何异常，立即拨打发卡银行客服热线进行查询。

⑥不在公共网吧使用电子银行。

(2) ATM 机欺诈的预防方法

①使用 ATM 机时，要留意身边是否有陌生人偷窥密码或离自己距离较近，必要时可提醒他人与自己保持一定距离。

②不要转移注意力捡东西或向别处张望。

③不要轻易接受“热心人”的帮助，被人转移注意力。

④用手或身体挡住插卡口，防范不法分子调包。

⑤提高安全用卡意识，对 ATM 机上张贴的各类通知、ATM 机的改动、卡被吞吃等情况提高警惕。如果不放心，请直接拨打银行的客户服务热线，或者到银行柜台询问，不能拨打张贴通知上所留的电话。

(3) 电话短信欺诈

①要熟悉各家银行的客服中心电话，不要相信其他电话发来的“风险提示”，以防上当受骗。

②对可疑的语音电话或短信不予理睬回应，应直接致电发卡银行的客服热线进行询问。

③在接到可疑电话或者短信时，要注意保护身份资料、账户信息。

④千万不可按照陌生电话的“指导”进行 ATM 机或网上银行操作。

参考文献

[1]陈新,章顺."组织—平台"协同:社区突发事件防治能力的系统集成及提升策略[J].中共杭州市委党校学报,2021(3).

[2]龚建军.应急管理人员培训教材[M].北京:机械工业出版社,2019.

[3]黄宏纯.突发事件全面应急管理[M].北京:北京理工大学出版社,2018.

[4]黄剑波.应急管理与安全生产监管简明读本[M].长春:吉林人民出版社,2020.

[5]李建彬,马桔红.突发事件的恢复研究区[J].区域治理,2020(43).

[6]李雪峰.突发事件应对案例研究方法与实践[M].北京:国家行政学院出版社,2017.

[7]李燕芳.自然灾害与应急管理研究[M].北京:经济日报出版社,2017.

[8]蔺雪春,李希红,朱婧.公共危机管理[M].成都:西南交通大学出版社,2018.

[9]刘光明.突发公共卫生事件与传染病防控工作手册[M].沈阳:辽宁大学出版社,2018.

[10]卢宇.突发事件分级与响应[J].中华灾害救援医学,2018(1).

[11]容志,王晓楠.城市应急管理流程、机制和方法[M].上海:复旦大学出版社,2019.

[12]许建新,于俊夫,覃磊. 安全教育与突发事件应对[M]. 长春:东北师范大学出版社,2017.

[13]张雯婧. 突发事件的媒体应对策略中国战略新兴产业[J],2020(26).

[14]周绿林,陶红兵. 新冠肺炎突发疫情的社区防控:组织与管理[M]. 镇江:江苏大学出版社,2020.

附　录

突发事件应急预案管理办法

第一章　总　则

第一条　为规范突发事件应急预案(以下简称应急预案)管理,增强应急预案的针对性、实用性和可操作性,依据《中华人民共和国突发事件应对法》等法律、行政法规,制订本办法。

第二条　本办法所称应急预案,是指各级人民政府及其部门、基层组织、企事业单位、社会团体等为依法、迅速、科学、有序应对突发事件,最大程度减少突发事件及其造成的损害而预先制定的工作方案。

第三条　应急预案的规划、编制、审批、发布、备案、演练、修订、培训、宣传教育等工作,适用本办法。

第四条　应急预案管理遵循统一规划、分类指导、分级负责、动态管理的原则。

第五条　应急预案编制要依据有关法律、行政法规和制度,紧密结合实际,合理确定内容,切实提高针对性、实用性和可操作性。

第二章　分类和内容

第六条　应急预案按照制定主体划分,分为政府及其部门应急预案、单位和基层组织应急预案两大类。

第七条　政府及其部门应急预案由各级人民政府及其部门制定,包括总体应急预案、专项应急预案、部门应急预案等。

总体应急预案是应急预案体系的总纲，是政府组织应对突发事件的总体制度安排，由县级以上各级人民政府制定。

专项应急预案是政府为应对某一类型或某几种类型突发事件，或者针对重要目标物保护、重大活动保障、应急资源保障等重要专项工作而预先制定的涉及多个部门职责的工作方案，由有关部门牵头制订，报本级人民政府批准后印发实施。

部门应急预案是政府有关部门根据总体应急预案、专项应急预案和部门职责，为应对本部门（行业、领域）突发事件，或者针对重要目标物保护、重大活动保障、应急资源保障等涉及部门工作而预先制定的工作方案，由各级政府有关部门制定。

鼓励相邻、相近的地方人民政府及其有关部门联合制定应对区域性、流域性突发事件的联合应急预案。

第八条 总体应急预案主要规定突发事件应对的基本原则、组织体系、运行机制，以及应急保障的总体安排等，明确相关各方的职责和任务。

针对突发事件应对的专项和部门应急预案，不同层级的预案内容各有所侧重。国家层面专项和部门应急预案侧重明确突发事件的应对原则、组织指挥机制、预警分级和事件分级标准、信息报告要求、分级响应及响应行动、应急保障措施等，重点规范国家层面应对行动，同时体现政策性和指导性；省级专项和部门应急预案侧重明确突发事件的组织指挥机制、信息报告要求、分级响应及响应行动、队伍物资保障及调动程序、市县级政府职责等，重点规范省级层面应对行动，同时体现指导性；市县级专项和部门应急预案侧重明确突发事件的组织指挥机制、风险评估、监测预警、信息报告、应急处置措施、队伍物资保障及调动程序等内容，重点规范市（地）级和县级层面应对行动，体现应急处置的主体职能；乡镇街道专项和部门应急预案侧重明确突发事件的预警信息传播、组织先期处置和自救互救、信息收集报告、人员临时安置等内容，重点规范乡镇层面应对行动，体现先期处置特点。

针对重要基础设施、生命线工程等重要目标物保护的专项和部门应急预案，侧重明确风险隐患及防范措施、监测预警、信息报告、应急处置和紧急恢复等内容。

针对重大活动保障制定的专项和部门应急预案，侧重明确活动安全风险隐患及防范措施、监测预警、信息报告、应急处置、人员疏散撤离组织和路线等内容。

针对为突发事件应对工作提供队伍、物资、装备、资金等资源保障的专项和部门应急预案，侧重明确组织指挥机制、资源布局、不同种类和级别突发事件发生后的资源调用程序等内容。

联合应急预案侧重明确相邻、相近地方人民政府及其部门间信息通报、处置措施衔接、应急资源共享等应急联动机制。

第九条　单位和基层组织应急预案由机关、企业、事业单位、社会团体和居委会、村委会等法人和基层组织制定，侧重明确应急响应责任人、风险隐患监测、信息报告、预警响应、应急处置、人员疏散撤离组织和路线、可调用或可请求援助的应急资源情况及如何实施等，体现自救互救、信息报告和先期处置特点。

大型企业集团可根据相关标准规范和实际工作需要，参照国际惯例，建立本集团应急预案体系。

第十条　政府及其部门、有关单位和基层组织可根据应急预案，并针对突发事件现场处置工作灵活制定现场工作方案，侧重明确现场组织指挥机制、应急队伍分工、不同情况下的应对措施、应急装备保障和自我保障等内容。

第十一条 政府及其部门、有关单位和基层组织可结合本地区、本部门和本单位具体情况，编制应急预案操作手册，内容一般包括风险隐患分析、处置工作程序、响应措施、应急队伍和装备物资情况，以及相关单位联络人员和电话等。

第十二条 对预案应急响应是否分级、如何分级、如何界定分级响应措施等，由预案制定单位根据本地区、本部门和本单位的实际情况确定。

第三章 预案编制

第十三条 各级人民政府应当针对本行政区域多发易发突发事件、主要风险等，制定本级政府及其部门应急预案编制规划，并根据实际情况变化适时修订完善。

单位和基层组织可根据应对突发事件需要，制定本单位、本基层组织应急预案编制计划。

第十四条 应急预案编制部门和单位应组成预案编制工作小组，吸收预案涉及主要部门和单位业务相关人员、有关专家及有现场处置经验的人员参加。编制工作小组组长由应急预案编制部门或单位有关负责人担任。

第十五条 编制应急预案应当在开展风险评估和应急资源调查的基础上进行。

（一）风险评估。针对突发事件特点，识别事件的危害因素，分析事件可能产生的直接后果以及次生、衍生后果，评估各种后果的危害程度，提出控制风险、治理隐患的措施。

（二）应急资源调查。全面调查本地区、本单位第一时间可调用的应急队伍、装备、物资、场所等应急资源状况和合作区域内可请求援助的应急资源状况，必要时对本地居民应急资源情况进行调查，为制定应急响应措施提供依据。

第十六条 政府及其部门应急预案编制过程中应当广泛听取有关部门、单位和专家的意见，与相关的预案作好衔接。涉及其他单位职责的，应当书面征求相关单位意见。必要时，向社会公开征求意见。

单位和基层组织应急预案编制过程中，应根据法律、行政法规要求或实际需要，征求相关公民、法人或其他组织的意见。

第四章 审批、备案和公布

第十七条 预案编制工作小组或牵头单位应当将预案送审稿及各有关单位复函和意见采纳情况说明、编制工作说明等有关材料报送应急预案审批单位。因保密等原因需要发布应急预案简本的，应当将应急预案简本一起报送审批。

第十八条 应急预案审核内容主要包括预案是否符合有关法律、行政法规，是否与有关应急预案进行了衔接，各方面意见是否一致，主体内容是否完备，责任分工是否合理明确，应急响应级别设计是否合理，应对措施是否具体简明、管用可行等。必要时，应急预案审批单位可组织有关专家对应急预案进行评审。

第十九条 国家总体应急预案报国务院审批，以国务院名义印发；专项应急预案报国务院审批，以国务院办公厅名义印发；部门应急预案由部门有关会议审议决定，以部门名义印发，必要时，可以由国务院办公厅转发。

地方各级人民政府总体应急预案应当经本级人民政府常务会议审议，以本级人民政府名义印发；专项应急预案应当经本级人民政府审批，必要时经本级人民政府常务会议或专题会议审议，以本级人民政府办公厅（室）名义印发；部门应急预案应当经部门有关会议审议，以部门名义印发，必要时，可以由本级人民政府办公厅（室）转发。

单位和基层组织应急预案须经本单位或基层组织主要负责人或分管负责人签发，审批方式根据实际情况确定。

第二十条 应急预案审批单位应当在应急预案印发后的 20 个工作日内依照下列规定向有关单位备案：

（一）地方人民政府总体应急预案报送上一级人民政府备案。

（二）地方人民政府专项应急预案抄送上一级人民政府有关主管部门备案。

（三）部门应急预案报送本级人民政府备案。

（四）涉及需要与所在地政府联合应急处置的中央单位应急预案，应当向所在地县级人民政府备案。

法律、行政法规另有规定的从其规定。

第二十一条 自然灾害、事故灾难、公共卫生类政府及其部门应急预案，应向社会公布。对确需保密的应急预案，按有关规定执行。

第五章 应急演练

第二十二条 应急预案编制单位应当建立应急演练制度，根据实际情况采取实战演练、桌面推演等方式，组织开展人员广泛参与、处置联动性强、形式多样、节约高效的应急演练。

专项应急预案、部门应急预案至少每3年进行一次应急演练。

地震、台风、洪涝、滑坡、山洪泥石流等自然灾害易发区域所在地政府，重要基础设施和城市供水、供电、供气、供热等生命线工程经营管理单位，矿山、建筑施工单位和易燃易爆物品、危险化学品、放射性物品等危险物品生产、经营、储运、使用单位，公共交通工具、公共场所和医院、学校等人员密集场所的经营单位或者管理单位等，应当有针对性地经常组织开展应急演练。

第二十三条 应急演练组织单位应当组织演练评估。评估的主要内容包括：演练的执行情况，预案的合理性与可操作性，指挥协调和应急联动情况，应急人员的处置情况，演练所用设备装备的适用性，对完善预案、应急准备、应急机制、应急措施等方面的意见和建议等。

鼓励委托第三方进行演练评估。

第六章 评估和修订

第二十四条 应急预案编制单位应当建立定期评估制度，分析评价预案内容的针对性、实用性和可操作性，实现应急预案的动态优化和科学规范管理。

第二十五条 有下列情形之一的，应当及时修订应急预案：

（一）有关法律、行政法规、规章、标准、上位预案中的有关规定发生变化的；

（二）应急指挥机构及其职责发生重大调整的；

（三）面临的风险发生重大变化的；

（四）重要应急资源发生重大变化的；

（五）预案中的其他重要信息发生变化的；

（六）在突发事件实际应对和应急演练中发现问题需要作出重大调整的；

（七）应急预案制定单位认为应当修订的其他情况。

第二十六条 应急预案修订涉及组织指挥体系与职责、应急处置程序、主要处置措施、突发事件分级标准等重要内容的，修订工作应参照本办法规定的预案编制、审批、备案、公布程序组织进行。仅涉及其他内容的，修订程序可根据情况适当简化。

第二十七条 各级政府及其部门、企事业单位、社会团体、公民等，可以向有关预案编制单位提出修订建议。

第七章 培训和宣传教育

第二十八条 应急预案编制单位应当通过编发培训材料、举办培训班、开展工作研讨等方式，对与应急预案实施密切相关的管理人员和专业救援人员等组织开展应急预案培训。

各级政府及其有关部门应将应急预案培训作为应急管理培训的重要内容，纳入领导干部培训、公务员培训、应急管理干部日常培训内容。

第二十九条 对需要公众广泛参与的非涉密的应急预案，编制单位应当充分利用互联网、广播、电视、报刊等多种媒体广泛宣传，制作通俗易懂、好记管用的宣传普及材料，向公众免费发放。

第八章 组织保障

第三十条 各级政府及其有关部门应对本行政区域、本行业（领域）应急预案管理工作加强指导和监督。国务院有关部门可根据需要编写应急预案编制指南，指导本行业（领域）应急预案编制工作。

第三十一条 各级政府及其有关部门、各有关单位要指定专门机构和人员负责相关具体工作，将应急预案规划、编制、审批、发布、演练、修订、培训、宣传教育等工作所需经费纳入预算统筹安排。

第九章 附 则

第三十二条 国务院有关部门、地方各级人民政府及其有关部门、大型企业集团等可根据实际情况，制定相关实施办法。

第三十三条 本办法由国务院办公厅负责解释。

第三十四条 本办法自印发之日起施行。